The Inner Lives of Markets

How People Shape them and They Shape Us

柠檬、拍卖和
互联网算法

经济学如何塑造了我们的生活？

By —
Ray FISMAN
Tim SULLIVAN

[美] 雷·菲斯曼 蒂姆·沙利文 著

莫方 译

江西人民出版社
Jiangxi People's Publishing House
全国百佳出版社

目　录

前　言

　　这本书源自十年前去麻省理工学院 COOP 书店的一趟旅程。在书店科学类图书的书架上，有一本转载了 20 世纪最重要的物理学论文的集子，里面还解释了这些论文实现了什么、为什么重要。这本论文集包括了爱因斯坦 1905 年起的作品，也就是相对论诞生之年开始的作品。这一年，爱因斯坦发表了 4 篇论文，改变了物理学（以及我们所有人）思考时间、空间、质量和能量的方式。它还包括一些其他的论文，这些论文引发了许多创新，如第一枚原子弹人的研制——也就是说，这本书包含了许多对世界有直接影响（是真正的直接影响）的科学。

　　这些都非常重要，但是对于非科学家来讲，原始资料常常难以理解，当然对我们这些人来说也过于专业。但是，即使是科学家，也会因为不了解所在领域的历史，而弄不懂某个思想为什么具有革命性，这些熟悉的思想因此丢失了历史和社会的脉络。而这本物理学论文集中的每一篇文章，都是一篇清晰有趣的短文，用外行人也能看得懂的方式解释这些创新，将这些思想置于情境脉络之中。若非如此，大部分论文将掩埋在晦涩难懂的数学之下，除了受过训练的物理学家，没有人能破译。

我们觉得，从科学重要性以及对社会演变的作用这两个方面，为那些对物理学兴趣浓厚但缺乏专业知识来剖析原始资料的人书写科学的历史，是一种非常有趣的方式。[1]

作为经济学书呆子（我们中有一位真正的经济学家，另一位则假装是经济学家），我们觉得用同样的方式解释经济学也可能是件乐事。为此，我们非正式地调查了一群经济学家，了解从第二次世界大战至21世纪初的这段时期内，哪些经济学学术论文在他们看来是最重要的。而21世纪初以来发布的论文，我们还难以判定它们包含的经济思想在长期中的历史意义。

当我们审视这份论文列表，思考能够用这些信息来做什么时，我们突然想到这些只有内行人能看懂的学术论文，就跟那些物理论文一样，有着巨大的影响力。这值得我们去探索，不仅仅是转载原始的论文，而是考察这些思想是如何存在的。

就好像非物理学家看不懂爱因斯坦对布朗运动理论的研究一样，外行人也难以理解经济论文中的原始公式。但是，这些跨越半个世纪的经济思想受到越来越广泛地应用，去改善市场的运行，让市场不断深入我们的生活。本书要探讨的就是这些经济思想和我们的生活的交集。

引言 — 使用条款

Introduction: Terms of Service

美国佛蒙特州拉特兰市林肯大街 109 号矗立着一座破旧的黄色建筑。拉特兰市发迹于 19 世纪末，来自城外大理石采石场的资金让这里财力充沛。但是在过去几十年中，这座城市显得落寞。在这期间，拉特兰市仅以其阿片类药物著称，此外还有附近的山岭，在秋天吸引赏秋的游客，在冬天迎来滑雪者。

林肯大街 109 号的一侧，有一个空旷的停车场。街对面是早年的林肯小学，如今的拉特兰地区基督教学校。它是一所私立教会学校，从学前班一直到十二年级。

多方面看，拉特兰市都是一座典型的美国小城，开头提到的黄色建筑就是这种小城生活的象征。这座建筑曾是一家社区百货店，名为佩尔西·P·伍兹（Percy P. Woods）。佩尔西本人是一位很有事业心的年轻人，出生于 1886 年，正是这座城市腾飞之时。他在 20 世纪 20 年代踏上了通往企业家的荣光之路，通过邮购销售枫糖，并且用赚到的钱开办了杂货商店——佩尔西百货，这家商店在第二任所有者手中发展成为当地闻名的小百货店。大约在 1970 年，前墓碑推销员鲍勃·陶（Bob Dow）和他的妻子埃德娜（Edna）买下了这家商店。鲍勃在柜台招呼客人，埃德娜则接管了楼上的小办公室。

她还会烹调远近闻名的烤牛肉，并在熟食柜打下手。他们的住所在埃德娜成长的亚当大街，步行就能到商店。

街对面是附近社区家庭对口的林肯小学，从幼儿园到六年级。这就意味着接送孩子的妈妈们（那时候都是妈妈接送）可以去佩尔西百货（还叫这个店名）逗留，买一些缺少的食材或洗涤剂。她们会受到鲍勃热情的欢迎，由活泼的收银员多特（Dot）给她们结账。如果她们需要人帮忙照看孩子，也可以看看鲍勃和埃德娜的女儿有没有空。

佩尔西百货完全服从供求法则，而正是供求法则定义了所有的市场，不论这些市场规模如何。鲍勃和埃德娜在二楼的办公室结算账目。他们要思考如果提高洗衣粉的价格，销售会受到怎样的影响，要仔细计算需要多少箱洗涤剂才能满足顾客每个月的需求，还要决定哪些商品需要降价处理、哪些商品要用马克笔写下醒目的低价（马克笔标记闻起来有一种特殊的味道，因为有毒，如今已经不再使用）——以此来吸引顾客的注意。有些顾客会赊账，月末还清，但并不是每个人都有这样的特权。埃德娜会记录谁赊账过多、谁给了空头支票，然后礼貌但正式地要求这些人付现金。鲍勃人很好，也很礼貌，但是他始终留意着前门，对面学校放学后迎来一群孩子的时候更是如此（是的，虽然鲍勃一直盯着，但是糖果和苏打水还是会失窃，因此他们还要记录由造成的库存损失）。

始于佩尔西百货

当然，如今你用完了洗涤剂，可以按一下亚马逊 Dash 按钮。它链接了 Wi-Fi，只要按一下，你就能在几天之内（取决于你所在的位置和付款方式，有时候甚至只要几个小时）收到洗涤剂。或者用优步（Uber）去一家不错的饭店，从 Sprig 上订一餐饭。忙碌的父母也可以从 care.com 上雇一个保姆。不想出门看电影？Netflix 和 Chill 能够满足你。而且，走路去社区学校的孩子也越来越少了。

我们经历了巨大的变化，远远超出佩尔西百货的时代。对此的解释往往是科技创新——网络集市替代了主要的街道和商铺，优步和爱彼迎（Airbnb）替代了出租车和酒店业，但是技术决定论并不能够解释全部。

技术只是我们能观察到的其中一种，还有许多驱动因素与科技同等重要。我们将说明一组与科技同时发生且同样发挥了重要作用的创新和洞见：过去半个世纪以来的经济学学术研究中的思想极大地影响了稀缺商品的配置——也就是我们如何得到想要的物品。看上去仅仅是技术转变的表象之下，隐藏的就是这样的经济学结构体系。

变化有时候极其彻底，你甚至意识不到自己正在观察的市场处于运动中，因为它过于远离标准价格体系，而我们又常常将标准价格体系等同于市场交易。不过，在思考个人需要和欲望如何决定资源（不论是四季豆、肾脏，还是幼儿园的孩子）分配的时候，经济学家早已挣脱金钱和价格的限制。市场由什么组成，这一定义本身已经发生改变。

新的交易形式不断涌现，并且不仅仅是在 iTunes、谷歌(Google)、优步和电子商务网站上，虽然新近的经济学理论驱动的算法构成了这些网站发展的基础。经济学家还改变了我们思考许多事情的方式，比如怎样匹配医生和医院、怎样匹配肾脏捐献和透析患者、政府怎样售卖宽带光谱以及捐赠如何分配给全美的食品银行。

经济理论和你

我们想揭示的是那些有时非常复杂的相互作用，它们引领我们抵达今时今日，而包围我们生活的市场相互作用，不仅取代了佩尔西百货这类百货商店，也取代了林肯小学这样的学校。我们的目标是澄清我们每天都与之互动的诸多市场之间的关系、过去 50 年来经济理论中的创新及它们给世界带来的变化。本书将这三部分联系起来，旨在理解经济理论如何阐释现实世界，以及这些理论如何反过来又塑造了世界的运行方式。

除此之外，越来越多、越来越复杂的市场逐渐深入我们日常生活的各个领域，我们还将探讨由此带来的后果。我们如今沉浸于以这些理论为基础的各类市场中，并因此影响了我们互相交往的方式以及目标的优先级。

最终我们将总结：市场让事物变得更加美好，也确实如此。但是变化的过程并不是毫无代价的。尤其是，我们并不清楚这些改变将带领我们去往哪里。我们身处一项宏大的社会实验之内，效率被视为最高尚的美德。即使是专家也无从得知我们的目的地，虽然他们总是声称一切尽在掌握中（也许如此）。这项实验以不断提高效率之名，不断提高市场化程度，我们需要深入理解推动这项实验的那些思想。

关于"自由市场"的大量讨论沦为叫嚷、指责和讥讽。在这些讨论中，一边是把所有的市场创新看作自由主义的秘密支持者解除管制、奴役所有人的密谋并对此心怀恐惧的那些人，另一边是把自由开放的市场作为这个世界所有罪恶的解决方法（或更甚）的市场原教旨主义者。但是，我们必须理解在这些讨论中起作用的基础命题。我们必须对这些事实形成共识，而本书就是关于这些事实的。

世界运行的秩序

我们从一个不太可能的地方出发——第二次世界大战期间的一个德国战俘营。一位年轻的英国俘虏描写了到底是什么让自由市场如此具有吸引力。VII–A 号战俘营自发产生的市场确保了稀缺资源的有效分配。当日常用品，如食物、牙膏、香烟，供给不足时，市场的效率不是让生活更舒适，而是一个生存问题。

战俘营中的市场只是序曲，我们将说明经济学家对市场的理解从战前时期到现在是如何转变的。经济学已经高度数学化，而这可能是一种分流。但是，那些成长于 20 世纪五六十年代的经济学家，在保留这门学科的精准推理的同时，致力于应对实体经济各个方面的问题和难题。比如为什么卖方比买方更了解在售商品会导致市场彻底崩溃，以及通过完全不同的途径——去一所一无是处的大学学习、在超级碗广告中把一辆车推下悬崖或在脸上文身（是的，你没看错，有人会这么干），市场参与者如何能够拯救市场？

经济学家在努力理解真实世界的过程中，提供了分析的基础，也提出了此后塑造这个世界的思想。拍卖机制动摇了千百年来把商品卖给出价最高者的实践，它出自 1961 年发布在《金融杂志》（*Journal of Finance*）上的一篇有 30 页代数的论文。对双边市场——如处在消费者和司机之间的优步或处在网站搜索者和广告商之间的谷歌——的最新研究有助于引领企业战略去寻找并建立下一个令人激动的平台。如今我们甚至有了市场设计，它从描述市场转向塑造人们需要的市场，力图解决特殊的问题，比如将学生分配到合适的学校，或将医生匹配到合适的医院。

我们的目的不是写一部第二次世界大战以来的经济思想史，也不是对经济学进行全面的阐释。相反，本书精选了一些近来发生的市场分析和市场设计的故事，我们希望这些故事能够让我们更好地应对与市场的复杂且令人焦虑的关系。我们能够更好地了解市场如何运行（读完本书就能了解，虽然有一些初始的限制，市场将使世界变得更好，甚至超乎想象），而不是对它做出本能的回应。也许，我们可以发起讨论：如何看待市场对我们生活的不断入侵。正如所见，除非我们退出，否则市场的影响就不会停止，而市场也许正在改变我们的面貌。

这个世界的使用条款

我们毫不在意如何穿行于这个新世界，甚至往往也没有认识到我们深入新市场的程度。出现这种情况的理由很充分：变化虽然很平静，但是技术带来的加速迅速得惊人，几乎没有给我们留下喘息的空隙。如果要选择哪种市场，或是决定市场深入生活的程度，我们最好首先理解市场背后的思想。我们会发现，不仅市场设计者自己不知道所有的答案——经济学是一门不精准的科学；而且，我们每次参与市场创新——每当我们用智能手机招一辆出租车或从iTunes上下载一首歌——都是一场大型社会实验的一部分，没有人知道这场实验的最终结果。

这有点像我们下载新软件的时候处理"使用条款"协议的方式。我们直接点击"我已经阅读并同意"选项，实际上我们没有阅读，也没有人阅读过。我们需要的是一个简化的服务条款，详细说明我们到底同意了什么，并因此能够做出理智的选择。这也是本书的目的所在，给出我们生活其间的这个由市场驱动的世界的使用条款，一个简化的"使用条款"。

Why People Love Markets

R. A. Radford's Stiff Upper Lip
and the Economic Organization of POW Camps

人们
为什么热爱市场

雷德福德在战俘营中观察到的经济组织

1939 年，雷德福德（R. A. Radford）暂停了在剑桥大学经济学系的学业，投身英国皇家陆军。1942 年，他在利比亚被俘虏，并被转移到位于意大利的一座过渡性战俘营，然后被遣送到 VII–A 号战俘营，一座位于慕尼黑东北 35 英里（1 英里 =1.6093 千米）处的穆斯堡城外的战俘收容所。德国人当初修建这座战俘营是为了关押1939 年入侵波兰时俘获的数万俘虏，但是雷德福德抵达此处的时候，里面挤满了被俘的各国士兵，从美国人到南斯拉夫人。

　　雷德福德熬过了战争，回到剑桥完成了中断的学位。他将自己在 VII–A 号战俘营的这段经历作为基础，写出了他的第一篇也是最后一篇（据我们所知）公开发表的学术论文，就刊载在 1945 年 11月版的经济学期刊《经济学》（Economica）上。

　　在名为"战俘营的经济组织"（The Economic Organisation of a P.O.W. Camp ）的论文中，雷德福德描述的世界并非如你所愿。它将 VII–A 号战俘营描述为一个市场，一个没有劳动来创造价值但交易频繁的市场：红十字会提供护理包，里面装满了罐装牛奶、罐装胡萝卜、果酱、黄油、饼干、罐装牛肉（即咸牛肉）、巧克力、糖、糖浆和香烟。自然不是每个俘虏都对饼干和牛肉有同样的偏好，于是他们开始了交易。少量黄油加两支香烟换一罐牛奶，一定量的咖啡换一袋新鲜的茶包。[1]

起初，这个交换系统完全出于善意。但是这样的表象之下，隐藏着战俘营的居民为了在这种严酷的环境中更舒适地生存下去所展开的冷酷而理性的计算。"舒适"对不同的俘虏来说，含义并不相同，在有些人看来是一杯咖啡，而另一些人看来是一杯茶。

德国人把各个国家的士兵隔离起来，也就在战俘营中形成了交易壁垒，只有一些享有特权的人才能够和其他国家的俘虏接触。那些总是能和其他国家的战俘接触的人就成了专业的交易员。法国人深爱咖啡，而英国人喜欢茶，后者往往会贱卖掉手里的咖啡。于是，能够接触"进口—出口"生意的少数英国士兵先从英国同胞手中交换到红十字会提供的咖啡，然后以很高的溢价转手卖给法国人，从法国人手中交换到英国人想要的茶。这样，两个国家的士兵都因此改善了境况，即使英国交易员从中获得了他们的一份利益。热爱咖啡的法国人虽然为此付出了代价，却能用英国人的咖啡和战俘营的看守交易，这些看守又在城里的黑市中卖掉这些咖啡，实际上城里比战俘营更缺优质咖啡。

同样，印度部队的廓尔喀人不吃牛肉，他们许多人也不说英语。因此，谁有幸能和他们交流，就可以用罐装胡萝卜和他们交换牛肉。除了和他们交易，这些罐装胡萝卜几无价值，而牛肉却在欧洲人之间很受欢迎。

这些个人偏好和动机在战俘营的方寸之内再现了全球经济的

缩影。

不久，这些囚犯意识到需要一套交易系统来超越石器时代的以物易物。由于缺少硬通货，他们决定所有东西的价格都以香烟来计算，而不是英镑和美元。[2] 一份人造黄油可以用 7 根香烟来交换，等价的还有一块半巧克力条，等等。大部分时候，在充当市集的许多战俘营小屋里，价格众所周知，也都是一致的。当价格出现背离，比如一个小屋中出现了 6 根香烟换一块人造黄油，而在其小屋中是 8 根香烟换一块人造黄油，精明且积极的套利者就会用低买高卖获利，抹去其中的价差。

和许多经济体一样，VII-A 号战俘营并不稳定。红十字会的香烟运达时，会立刻引起通胀，洗熨裤子这样的服务几乎一夜之间就需要双倍的香烟来支付。随着战俘营的俘虏们消耗了香烟，价格会再次下降。当红十字会的香烟供应受到阻碍时，战俘营经济就会遭受封锁。当俘虏们拆开原装的香烟，自己动手卷烟时，这些贬值的货币将带来信心的崩塌。

这并不是一个自由开放的市场。高级官员认为不受限制的市场需要一些监督和干预。香烟作为货币之后，高级英国军官设立了一家无利润商店，基于列在战俘营木板上被普遍接受的价格，剔除买卖中大部分的猜疑和不确定性。出于健康考虑——有些人甚至担忧烟瘾大的人即使挨饿、感染，也会把手中的食物和保健品用来交换香烟——红十字会提供的盥洗用品被排除在交易之外。

1945 年，雷德福德在战俘营的第三年，穆斯堡的人口随着新战俘营的建立不断膨胀。据估计，穆斯堡关押着 110,000 名波兰人、英国人、美国人、希腊人、南斯拉夫人、法国人、比利时人、荷兰人和印度人。随着战俘营越来越拥挤，战俘的境况也越来越糟糕。弗兰克·墨菲（Frank Murphy）是一位美国 B-17 轰炸机领航员，在飞往明斯特途中被击落，经过 400 英里的强行军，在 1945 年 2 月底到达穆斯堡，此时战争已接近尾声。在墨菲的记录中，他完全没有提到任何有关市场的内容。[3]

相反，墨菲是这样描述战俘营的："这个冰冷的铁丝网围绕的世界，里面是简陋残破的建筑物、脏兮兮的帐篷、泥土，成群的士兵憔悴消瘦，他们穿着粗滥、破旧不堪的衣服，在拥挤中寻找每一块空地。"他们的食物是木屑一样的黑面包、芜菁和被称为"绿色毒药"的汤，卫生条件不堪入目，幸运之人才能在架子上睡觉，大部分人睡在桌子上，或直接睡在地上。

VII-A 战俘营变得非常拥挤、难以管理。新来的战俘不熟悉里面的市场和规则，红十字会的供给又反复无常。战俘营经济在不确定性、混乱和极度稀缺之中土崩瓦解。

但是，天赐的恩惠很快就到来了："4 月 12 日，美国第 30 步兵师的一个小队抵达此处，"雷德福德写道，"一个充裕的时代到来了，也证明了我们的假设，物品无限供应，经济组织和经济活动就会过剩，因为每个人无须付出就能得到满足。"也就是说如果每个人都能得到自己想要的，他们确实就不需要市场了，虽然我们大部分人并不如此。

完成学业后，雷德福德移民到了美国，在国际货币基金组织（IMF）工作（写下了也许是有史以来最无聊的 IMF 工作报告"1946—1953 年加拿大资本流动"），1980 年在财政事务部助理主任的职位上退休，2006 年过世。大概他和妻子也曾在华盛顿光顾百货商店和当地市集，但是他从未写下来。

$$$$$

在战俘营中，市场不只让生活更舒适，还拯救了生命。

雷德福德和他的战友在德国战俘营能够自由地经营市场，太平洋的俘虏则被禁止交易，想象一下这两种经历的差别。在日本战俘营中，被俘的高级军官只能得到少量的食物和其他用品，违反贸易禁令的人会受到惩罚，被单独监禁，这实际上是一种死刑。在南太平洋充满等级制度的战俘营中，死亡率是德国"放任自由"（经济上来说）的战俘营的 12 倍。

显而易见，德国战俘营和日本战俘营的区别不仅仅是对待交易的态度。婆罗洲山打根战俘营之所以臭名昭著，大半是因为它的死亡行军，它是名副其实的通向死亡。俘虏们被转移到星岛进（Hoshijima Susumu）上校掌管的兰瑙战俘营中，没能逃脱这个战俘营的人死亡率是 100%。这些不幸的俘虏没有市场系统可以利用。想要知道日本集中营的冷酷环境，可以观看电影《坚不可摧》（Unbroken），这是一部改编自同名图书的电影，描述了恐怖的日本战俘营，也表现了一种不屈不挠的精神。

日本战俘营比德国战俘营的死亡率更高，这一点毫不奇怪。要了解自由市场到底在两处不同的战俘营中起何作用，需要更加精密的方法。这种方法来自克利福德·霍尔德内斯（Clifford Holderness），他是一位重度"二战"迷，同时也在波士顿学院教授金融课程。多年前，国家档案馆第二次世界大战战俘数据文件刚刚开放的时候，他就去浏览了这些文件，而他体内的经济学家直觉自然而然地思考怎样利用这些未知的数据。于是，他和同事杰弗里·彭蒂夫（Jeffrey Pontiff）一起着手研究哪些因素让某些战俘营拥有更好的结果。

在日本看守的残酷对待下，光是活着看到解放都算一种成就。因此霍尔德内斯和彭蒂夫检验了存活率是否能够根据某个战俘营的等级来区分。他们认为，关押在战俘营的作战单位在多大程度上保持了指挥系统的完好，是一个绝佳的指标，可以用来确定命令控制和市场在战俘营经济中哪个更占优。[4]

霍尔德内斯和彭蒂夫没有比较德国战俘营和日本战俘营的存活率。差异是多方面的，并且很复杂。他们分析了在德国战俘营和日本战俘营中，等级制度更健全是否会带来更高或更低的生存率。

山打根战俘营的战俘有些会很不幸地被随机分配给星岛进这样的虐待狂控制的战俘营，还有一些俘虏则最终会被送到一些等级森严的战俘营，那些战俘营中关押着在附近俘虏的同盟国士兵，并根据士兵军衔形成了等级，甚至有些战俘营有着完整的命令系统，从将军、上校、少校，到最低等级的士兵。其他的战俘营则可能大部

分都是普通士兵。如果等级制度能够帮助某个团体存活，那么军官
占比更合理的战俘营将更突出。

但是，霍尔德内斯和彭蒂夫的研究结果并不如此：他们的分析
最终牢牢地放在了雷德福德所在的战俘营上。也就是说，他们的分
析显示市场能够挽救生命，或至少可以确定，典型的军事等级制度
将带来更糟糕的结果。

由军官构成的战俘营与军事层级高度匹配，幸存下来的人更少。[5]
这并不是因为军官牺牲了手下来提高他们自己的生存机会。虽然俘
房者给军官提供了优待，但是战俘营中的军官死亡率最高。也不是
因为在低等级战俘营中，群体（他们往往同时来到战俘营）间的强
大社会关系网造成了低等级战俘营的生存率更高。独自抵达的新人，
或被击落的空军飞行员和机组成员这样的小团体，在等级制的战俘
营中的生存率更糟糕。

于是，作者偏向于将这样的结果解释为：交易能够比军官的管
理更好地服务于战俘营的俘房，虽然有些军官会牺牲自己，确保手
下能够幸存下来。

他们还发现了一些战俘营的个人记录，进一步支持了他们的观
点：在许多战俘营中，鼓励市场是一个生死存亡的问题。莱斯特·坦
尼（Lester Tenney）曾被日本人拘禁，解释了有人生病的时候，交易
怎样帮助俘房重新分配食物配给。病人可能吃不掉一天的食物配给，
也无法在战俘营脏乱的环境、温度和湿度条件下储存食物。因此，
与其任由一天的食物配给腐烂或吃进去又被呕吐出来，交易使得当

下的配给能够交换一份未来的配给。即使冒着被打死的风险，战俘营的俘房仍然觉得交易带来的收益提高了他们存活的机会。坦尼说道："我愿意赌上性命交易食物。"

日本人抓到坦尼在做大规模交易——按照战俘营的标准。他和他的交易伙伴被判处斩首。他在回忆录里说，他之所以能够挽回自己和伙伴的生命，是因为他在审议会上当着战俘营的司令官对其他战俘说："兄弟，不要想着愚弄日本人，他们很聪明。照他们说的做，你会活着见到你的家人。像我这样做，只会死在日本。"司令官"挺直了胸膛……在我们的印象中，他是一位非常快乐的人"。坦尼和其他人被送到禁闭室过了 10 天，每天都有干净的水和丰盛的一餐。谁说奉承没什么用来着？

坦尼从战俘营以及巴丹死亡行军中幸存了下来，接着用他的交易直觉成为亚利桑那州立大学的一名金融学教授

$$\$\$\$\$\$$

总体来说，市场只是一种技术，一种参与者有机会直接影响资源分配的机制。这种影响是通过参与者表达自己的偏好来完成的，它是一种根据人们想要的商品以及想要这些商品的程度来决定商品分配的手段。

偏好表示，就是你想要某物的程度，常常意味着你愿意为之付出的价格。VII-A 号战俘营中的一些俘房，特别是能够与德国看守交易的那些人，更看重咖啡，它在交易中能够获得更高的价格（以

香烟为货币来计算），因为咖啡的需求量大。你在杂货店付钱买花生
酱；交易员在芝加哥期货市场上交换猪肉期票；你为退休基金买入
并持有股票，并时不时地在财经版查看股票的价值；市场中的价格
是所有这些交易出色地捕捉商品和服务的供应情况及相应的消费者
欲望的结果。正如奥地利经济学家弗里德里希·哈耶克描述的："价
格是沟通和指导的工具，体现了比我们直接可得的更多的信息。"从
某个方面来讲，市场价格比我们更了解人类整体。

　　如果所有市场都如此，你可能会认为这样的辩论毫无意义：市
场终究是市场。它们能有多少变化呢？

　　确实如此。我们仍然在用钱交换商品和服务。然而过去半个世纪，
我们经历了巨大的跳跃。我们亲眼见证了市场规模和范围的膨胀，
这是众多交易迁移到网络的结果。亚马逊被称为"万物商店"是有
原因的，而计算机革命也让许多交易（虽然不是所有）的速度提升
了数百万倍，也便宜数百万倍。虽然市场具有了很多新的形式和化
身——无数的电商网站、在网上购买的度假机票、取代你曾经阅读
的纸质杂志的电子杂志——今天的市场仍然要遵守雷德福德在 1945
年描写的那些市场原理，只不过规模更大、速度更快而已。

　　同时，这些原理也被应用于更广泛、更新奇、更复杂的环境
中。你有没有想过，当你搜索谷歌的时候，那些广告是从哪里来的？
它们是基于拍卖设计的原理出现的，而 1945 年的时候，这种原理
还不存在。你口袋中的智能手机又是从哪里来的？它既是技术创新，
也是市场创新，经济学家将之称为多边平台。你在手机上下载 App

（有时需要付费），开发者在市场的另一侧开发 App。免费的 App 利用帮手机平台另一侧的广告主打广告生存下来。最终，手机本身实质上成为手机"生态系统"的一部分，这种生态系统围绕操作系统——安卓、IOS 或 Windows——建立，最终在这种多边关系中引导流量。

价格在越来越多的市场起不了任何作用。约会者登录 match.com 网站选择联系其中一些合适的单身汉，忽略另一些单身汉，这是对恋爱市场的偏好表示。虽然整个过程没有价格，也没有金钱交易。

我们所处的时代由审慎来定义，我们就是用这种审慎来设计机制，目标是精简能够想到的一切事物的分配或交易方式。这些变化的核心是我们对市场的理解发生了革命性的改变，基于的是我们观察到的市场创新。一些经济学家的新思想引发了全新的市场制度，比如决定谷歌 AdWords 算法的拍卖，分配肾脏给移植受体和分配学生给学校。其他见解也有助于我们理解旧式市场如何运行，使我们能够更好地设计、管理市场运行。

对市场的理解和市场实践的双重革命常常是相互作用的。经济学领域已经从仅仅描述世界——先文字后数学公式——转到了塑造世界的运行方式。

理论也许没有这样超凡的影响力，毕竟理论无法靠自己行动，但受过学术训练的经济学家在商业上的渗透却能够发挥很大的影响力。[6] 在如今这个大肆宣扬的大数据时代，经济学家的入侵让他们能够比以往更容易追踪行为，调整和改进他们的模型。理论上，模型的每一次迭代都能够改善市场功能。[7]

通常，我们并不会将经济学家（和他们的数学模型）视为社会工程师，不会觉得他们是一群把世界当成实验室的疯狂科学家。他们只进行衡量、预测、描述。但是在过去 50 年间，经济学家逐渐从发展理论到设计我们购物的方式和互动的方式。因此，本书讲述的就是那些被市场迷住的人的故事，以及第二次世界大战以来市场走过的旅程：人们学习、重新定义、痴迷、控制、改变、设计市场，并将设计出来的市场投入现实世界，验证它的表现。

整体来看，这是一件好事。这些新设计出来的市场是为了减少无效率：减少买方所知的信息和卖方所知的信息之间的差异，有效利用闲置的汽车、空置的公寓这类未被充分利用的资产，摆脱毫无意义的价格争议，以及整体上更好地帮助市场上的参与双方更好地找到彼此。当其他条件不变时，提及效率，总是越高越好。

市场的倡导者总是想让你相信市场能够提供纯粹的收益，但实际上市场做不到。我们的世界面临的也不是战俘营中那种单纯的市场和控制二选一的问题。市场也许是一个潜在的效率天堂，但是在这个天堂中一切并不必然平等，当你意识到这一点，就会很容易理解市场不是一切社会问题的解决办法。当效率美德不知不觉中成为一种目的而不是一种手段，我们这个社会志在坚持的其他价值将会受到冷遇。民主并不是为了尽可能地更流畅、更迅速、更有利可图或更有效率。[8]

我们还可以从另一个维度看待这个故事。市场不断入侵我们的生活所带来的广泛影响还未可知，而我们对社会的最终面貌也毫无头绪。收集近来在经济思想中产生的革命性洞见和直觉，以此为指导，政策制定者和公司已经在进行一场新兴市场的大型试验，我们将看到一些始料未及或意料之外的结果。

实际上，我们正生活在这场实验中，而实验的原则来自经济学家发表在专业期刊上的深奥论文，来自高科技公司的实验室，并且常常（并不是全部）掩盖在某种政治倾向之下，这些政治倾向来自对市场效率的迷恋。

虽然实验的主体（也就是我们）几乎总是无视实验的结果，但是不要妄想市场规划者能够解决所有问题。科学并不能为任何问题提供清晰的指导。人们（至少还包括一些经济学家）总是妄想经济科学有预测的能力。我们需要深入思考新的市场机制对于大部分人来说意味着什么，以及市场革命追寻的世界是否符合我们的想象。

我们都是共谋犯。每当你在爱彼迎上预订房间、在优步上预订一辆汽车、在亚马逊上点击浏览一条广告——就这么简单、方便！——你就是在推进重塑社会制度的进程，而结果没人知道。你也许不是有意去做，但是你确实参与其中。

对于身处实验中的人来说，问题是你想成为实验主体吗？

也许。

但是要真正知道答案，你必须更敏锐地意识到实验对个人和对社会可能出现的结果。并且，由于科学家能够假设，却无从真正知道结果如何，我们面临的是相互竞争的世界观。在光谱的一端是现实主义者，他们希望我们留在原地，以物易物。在光谱的另一端是市场原教旨主义者，他们希望清除社会的根本结构，并用不受约束的自由市场规范缝合它。

市场原教旨主义者各式各样，但是我们最常听到的那些往往都相差无几。他们到处宣扬自由市场的力量，看起来甚至不需要考虑任何权衡取舍。略微讽刺的是，理解权衡取舍是经济分析的核心。他们中的大多数人在现实世界中拥有惊人的权力，尤其是在政治和商业领域。在硅谷宣扬的网络乌托邦中，我们很容易发现对大政府的诸多谴责。为什么不呢？能够用可实践的办法解决世界的弊病，这里面包含的确定性往往颇具吸引力，这也是市场救世的叙事方法所包含的内容。要不是现实中的这两种情况，他们的论点将很容易反驳。

市场原教旨主义者还有另一个支持他们的例子：他们有时候是正确的，只要调查一下在德国和日本战俘营中待过的人组成的焦点小组。市场是一种强大的工具，总体而言能够确保人们最终得到他们最想要的东西。

要知道自己处于光谱的什么位置，你必须理解正在塑造世界的新市场，也必须在权衡取舍中做出选择。本书要达到的最大目标就是：帮助你更好地理解面临的选择，以便从根本上决定市场在未来发挥什么样的作用。

为了做出选择，以及理解我们身处的新世界，我们有必要从雷德福德返回英国开始经济学家职业生涯的时代开始，探索经济学这一塑造世界的主要学科所经历的巨大革命。

The Scientifc Aspirations of Economists, and Why They Matter

How Economics Came
to Rule the World

经济学家的
科学抱负

经济学家是如何一步步统治世界的

雷德福德在写作 VII–A 号战俘营经济时，他基于的是几个世纪以来的传统。同一时间，戏剧性的事件正在上演，经济学在逐渐向数学靠拢。数学为经济学家提供了工具，用来剔除无关紧要的细节，这样他们就能更清楚地了解世界运行方式的基本真理了：数学让经济学家能够直指问题的核心。反过来，这种业余的数学方法使得经济学能够总结出有关世界运行方式的建议，也为新一代商务人士在理论框架上建立更强大的商业提供了工具。向数学转变使得经济学最终控制了世界。

为什么我们要回顾经济思想的历史？不是因为我们认为你应该知道 20 世纪中叶以来的专业经济学理论，而是我们要讨论的那些人和思想，为经济学深入影响我们的生活铺平了道路。这不是责备，而是事实。在经济学数学化之前，这门学科经常混乱又令人迷惑，且相互矛盾，经济学家往往把他薄弱的逻辑隐藏在散文式写作中。当经济学家被迫用精简、精确的方式在他们的论证中列出假设和过程时，这种方法就不再可行了：一切都暴露无遗。

在经济学进行数学革命的头几年，经济学家还很难从大量符号和代数中发现与现实世界的最终关联以及它们对现实世界的影响。

但是我们认为，如果没有打好这样的基础，经济学将永远也不可能变成一种如此强大的解释世界的方式和塑造世界的手段。抽象化特殊情形让经济学家能够建立一般模型，又反过来使经济学家能够做出一般预测，以及用社会学家基兰·希利（Kieran Healy）的话说，"从抚养小孩到全球气候变化，对一切问题都能提供建议"[1]。

这不是说古典和新古典经济学家不使用数学，他们也使用。卡尔·马克思数千页激情洋溢的论证就包括对技术的深入探讨。正如经济史学家罗伯特·海尔布隆纳（Robert Heilbroner）所言，经济学是要"穷尽数学"。他的同代人，法国人利昂·瓦尔拉斯（Léon Walras），定义经济学为（本质上来说）一门数学学科；而意大利工程师同时有时也是经济学家的维弗雷多·帕累托（Vilfredo Pareto）则用他的数学背景深化了经济学这门学科。

但是，正如获得诺贝尔经济学奖的美国经济学会主席，经济学家吉拉德·德布鲁（Gérard Debreu）在 1991 年所写的，直到第二次世界大战结束，"经济学理论才进入密集地数学化阶段，这一过程极大地改变了经济学这门专业"[2]。1940 年，《美国经济评论》（*American Economic Review*）第三十期上发表的论文只有不到 3%"敢于运用基本的数学表达"，到 1990 年，这一比例上升到 40%。

玛丽昂·富尔卡德（Marion Fourcade）是加州伯克利的一位社会学家，她研究了经济学专业，证实了德布鲁的粗略思考。第二次世界大战结束之后，数学马上变成了这门学科唯一的焦点。富尔卡德写道："第二次世界大战后的大部分时期，展示数学和统计技能，把论点简化成一个正式简约的方程组，是在经济学上建立科学性的主要途径。"[3]

$$$$$

雷德福德在战后的写作中，与 19 世纪和更早的古典经济学家进行了深入的交谈，即使这门专业正处在数学革命的交点。雷德福德阐述的市场效率反映的一个更大的信息，就是亚当·斯密"看不见的手"这一隐喻的要点之一，斯密的这一思想最早出现在他于 1776 年出版的划时代著作《国富论》中。

对于斯密来说，市场的力量显而易见，不需要正式的证据证明它的真实性，也不需要阐述它在哪些环境中更真实。斯密宣称，个人可以追求他们自己的利益，并且使社会整体变得更好。[4] 这是一个启示。

随后的几代经济学家，被经济史学家海尔布隆纳统称为"俗世哲学家"（the worldly philosophers），他们拓展了斯密的思想。这些早期经济学家旨在解决诸如经济如何运行（以及是否可以使经济运行得更好）这类宏大的问题，思考市场正常运转（或市场失灵）、价值的起源、商业周期和失业等重要问题。始于斯密的经济学，在随后的 100 年间，又经过了大卫·李嘉图、托马斯·马尔萨斯、卡尔·马克思、维弗雷多·帕累托等古典经济学家的继续发展。新古典经济学家如托斯丹·凡勃仑、约翰·梅纳德·凯恩斯，以及不朽的英雄、自由市场的倡导者约瑟夫·熊彼特让古典经济学的发展又延续了 100 多年。

帕累托（1848—1923）代表着经济思想史上那些兼具世俗和严谨的杰出人物。他不仅精通商业问题，而且有数学方面的良好教育，那时数学已经能够用于描述经济和商业了。1938 年，罗马经济学家卢吉·阿莫罗索（Luigi Amoroso）为《经济计量学》（*Econometrica*）撰写了一篇文章，总结帕累托所做研究的重要性。他发现 1869 年帕累托 20 岁时曾获得都灵理工大学的工程博士学位，并且在转向经济学研究之前有 20 年的管理实践（意大利钢铁厂的总经理）。然后，他实现了不同寻常的转身，成为洛桑大学的教授，并在那里教了 20 年书。

帕累托做出了很多不朽的贡献，对收入分配有着敏锐的观察。他计算出意大利最富有的 20% 的人拥有这个国家 80% 的土地，并在此基础上断定，一个经济体中的收入往往会按照"幂律"分布（幂律分布常常会带来极端不平等。这一理论使得帕累托意外地成为占领运动的英雄）。

然而，最令人印象深刻的是，他用自己的数学技能拓展了斯密的"看不见的手"，引入了一种特殊的标准，使经济学家能够用来评估社会福利。[5] 这一福利定律被英国经济学家利特尔（I. M. D. Little）称为帕累托效率。他指出，我们可以看一个经济体能否通过贸易或交易，至少使一个人的处境变得更好，而没有使任何人的处境恶化，以此来评判这个经济系统。对于社会福利来说，这真是一个非常简约主义的观点。比如，如果一项税收政策能够使数百万人脱离贫困，但是在这个过程中唐纳德·特朗普的银行账户却损失了10 美元，那么这就不是帕累托改进，因为有人遭受了损失，即使受损失的人像特朗普那样富有且令人作呕。但是这也意味着帕累托改进应该是所有人都能达成一致的变化，因为从定义上来说，每个人的处境都会变得更好。

正是这样的研究在斯密的叙事和 20 世纪的数学经济学家之间搭建了桥梁，这些数学经济学家接受了帕累托的研究成果，并且谨慎地证明了高效的市场是帕累托最优的市场。举例来说，一旦经济体达到并处于帕累托最优，就没有哪一个市场参与者能够改善他们的情况了。[6] 俗世经济学家建立了一系列猜想和原则。他们在数学领域的继承者更加完善了这些思想，使得经济学家能够从模型中汇集更深的洞见和预测。

雷德福德在评估 VII-A 号战俘营的市场时没有用到数学，而他所知的经济学也很快行将就木。

他描述了市场创造价值，而他的故事与 19 世纪经济学家的争论紧密相关。长期以来，经济学家一直在争论价值从何而来，并且在雷德福德攻读研究生的时候仍在继续。这种反复的争论让雷德福德的论文与另一些东西联系在了一起。

雷德福德很容易就能观察到这一点，对于他和他的狱友来说，价值来自市场。雷德福德用自己在战俘营中的经历，以他自己的方法，回应了马克思的理论以及那些仍然在剑桥经济学系推进该理论的人。[7]

这一争论虽然在经济学界已成定局，在各地的生产者中却仍存疑问。Esty 这个线上手工艺品市场上的每个潜在的卖家，都会牢记其中的区别。很少有人关心你花了 3 天时间才做出来这条难看的围巾，事实就是它很难看，没有人会买。用来织围巾的毛线是不是真的很昂贵也无关紧要，虽然制作这些毛线需要深入安第斯山脉采购羊毛，然后清洗、精梳、纺织羊毛。如果没有人喜欢这条围巾，那它对任何人来说都毫无价值，除了你的母亲。

雷德福德不仅和古典、新古典经济学家有共同的疑问，他在进行观察、逻辑推理和清晰表述的时候，也与这些经济学家共享了同一组固定假设。他是古典和新古典经济学最后的遗存，不久数学将统治经济学。[8]

这不是说，经济学家在第二次世界大战结束后的第二天，坐在他们的象牙塔中，决定了强大的数学技术能够回答所有问题。这是一个过程，经过了很长时间。首先，经济学问题适合用数学来分析。如果每个人如斯密所说"只为自己的利益打算"，就可以认为每个人都会最大化自己的幸福，经济学家称之为效用。数学中有成熟的方法能够用来解决最大值问题，也就是微积分，它能够用一组代数方程式来具体化社会上的消费者和生产者面临的选择。

经济学家用来描述世界的数学，很像物理学家用来描述运动物体的方程式。经济学从未达到物理学那样缜密的建模，但是经济学一直渴望达到物理学的精确度，只要经济学家能够像詹姆斯·克拉克·麦克斯韦（James Clerk Maxwell）在 1865 年描述电磁场那样精确——他只用了 8 个方程式！

麦克斯韦的成就，或者更现实的来说，数学化的物理达到的普遍成就，展示了人们如何用数学来"研究复杂到骇人的系统"（德布鲁语）。组成经济体的一群个体之间的相互作用，比构成物质的一组粒子更难预测。但是，也许足够数量的市场本质能够提炼为代数形式。

这一方法有许多好处：数学创造了一种通用的语言，能够推动不充分的假设、更可靠的结论以及更高的普遍性。数学使经济学家像物理学家那样，开始创造一种简明、逻辑的系统来描述这个世界。对这种方法的批评在 20 世纪初就已出现，杰出的奥地利裔美国经济学家约瑟夫·熊彼特就曾将帕累托理论描述为"枯燥的归纳"，对于经济学的进步毫无帮助。[9]

数学模型很容易纠正逻辑错误，至少表面如此：不论什么问题都可以归结为选择哪些假设来简化市场，使得市场可以用几页代数来描述。数学将让错误无所遁形，文字游戏或潜在的假设都无法再掩饰错误。而且数学本身就很简单、清晰。[10]

这种清晰和简单能够达到的严谨，与推理的标准完全不同，而后者直到 20 世纪 30 年代仍被广泛接受。正如德布鲁所言："当时刊登在《经济计量学》或《经济研究评论》（*Review of Economic Studies*）这两份经济学顶级刊物的文章很少能够通过酸性测试——删掉所有的经济解释，只留下文章中的数学基础独立支撑。"至少在那个时候，大多数经济学家将这一数学革命视为一种进步。

外部影响同样塑造了经济学，并且推动了经济学越来越数学化。1932 年，商人兼经济学家阿尔弗雷德·考尔斯（Alfred Cowles）在科罗拉多斯普林斯建立了考尔斯经济研究基金会（the Cowles Commission for Research in Economics），旨在将经济学理论和数学、统计学更紧密地联系起来，更好地用模型来表达经济。考尔斯受大萧条启发，希望给经济学研究带来科学的精密。这个基金会成立的座右铭是：科学即度量。[11]

兰德公司（the RAND Corporation）始建于 1945 年，一开始是道格拉斯航空公司和美国作战部的一个联合项目，使用博弈理论分析美国与苏联的地缘政治。博弈理论是分析战略的一种数学方法，最早出现在 20 世纪 30 年代普林斯顿数学家约翰·冯·纽曼（John von Neumann）的研究中，他和同为经济学家的同事奥斯卡·摩根斯特恩（Oskar Morgenstern）合写了《博弈与经济行为》（*Theory of Games and Economic Behavior*），出版于 1944 年的这本书开启了这个领域。这本书提供了一种新的分析框架，用于解决诸如可口可乐降价后百事可乐的 CEO 会如何行动这类问题。百事可乐的 CEO 会如何行动取决于他认为可口可乐的 CEO 将如何行动，而可口可乐的 CEO 将如何行动又取决于他预测百事可乐的 CEO 会如何应对价格降低，如此反复。这就类似于"他觉得我会觉得他在想什么……"的无限循环，而博弈理论是打断这种无限循环的方法之一。

从技术上来说，冯·纽曼和摩根斯特恩的思想最终融入主流，并与公众想象产生共鸣，两位研究者还登上了 1946 年的《纽约时报》(*New York Times*)封面,标题是"打扑克的数学理论被应用于商业问题"[12]。然而,博弈论包含的远不止商业。最著名的例子大概就是兰德公司的经济学家和数学家在当时的国防部长罗伯特·麦克纳马拉(Robert McNamara)(他自己就是一位受过训练的经济学家)的指导下提出"两败俱伤"(mutually assumed destruction,简称MAD),发展了核威慑信条。

冯·纽曼和摩根斯特恩在《博弈与经济行为》中集中描述了在小型竞技(扑克)和毁灭性大事件(热核战争)中,新的经济数学科学如何操作并改变了世界运行的方式。据称冯·纽曼曾在曼哈顿计划中与美国将官打扑克,并基于扑克牌局对他的战略数学模型进行了微调。与这些具有军事思想的聪明将官打牌,显然有助于摩根斯特恩领悟哪些关键部分决定了不同类型的相互作用。后来,在讨论冷战战略和象棋(一种流行的类比)这两种"博弈"的差别时,他写道:"冷战有时会被比作美国和苏联之间的一场巨大象棋赛局,苏联经常取得胜利,这可以归因为苏联关注象棋。但这种类比是错误的。因为虽然象棋非常复杂,令人生畏,但是它缺少政治和军事斗争中最重要的特征。"

象棋不能虚张声势,两位棋手都掌握了比赛规则和棋局进展的全部信息。打扑克或全球热核战争的博弈却不是这样。扑克大赢家需要"依靠自己的能力,觉察每一次情势变化带来的机会,利用虚张声势构造精巧的骗局"。摩根斯特恩总结道,如果"象棋是俄罗斯的游戏,那么扑克就是我们的游戏,在应用游戏规则上,我们理应比他们更娴熟"[13]。

深奥的数学博弈论和现实世界的这种交叠，反映了本书的总论点：冯·纽曼和摩根斯特恩用逻辑与合乎逻辑的数学，为本能驱使的混乱事物提供了一条清晰的道路。晦涩难懂的数学和经济学论证在现实世界的互动中找到了基础，比如扑克和"两败俱伤"。他们合著的《博弈与经济行为》为我们思考战略提供了精确的道路，也给我们制定战略提供了精确的道路。

但是，这回避了一个问题，为什么右倾的兰德公司和左倾的考尔斯都选择了数学。原因之一是对于两个组织来说，数学都非常有用，数学推理与文字不同，能够呈现看似冷静客观的分析，避免了基于政治考虑（如今，两大政治阵营各自的智库都声称他们依据的是客观的前提，他们是在"让数据说话"）。使用数学更有利于分析与苏联冷战的战略博弈（兰德公司的主要焦点），也使得当时那些倾向数学的移民以及其他人能够在经济学领域得到安全庇护，否则他们很可能被当作左倾并因同情共产主义而遭遇危险，这些人大部分最终都进了考尔斯经济研究基金会。[14]

这些发展共同推进了一个新的经济学理论结构的快速成型，这一新理论非常强大、有洞见、清晰并且看上去很客观。它能用精确的数学描述来定义竞争市场的条件，并精确预测随之而来的市场交易。

虽然这一理论描述的市场与你在现实中遇到的任何一个市场都不一样，但是在数学中你总能够找到现实市场的某一个方面：抽象的优点是它具有普遍性，也能形成对市场的一组普遍的认识。这正是第一波经济学建模专家的目标：抽象并且清晰普遍。

经济学家于是从描述现实世界转而开始捕捉市场的本质，在大多数情况下，他们所见的都是好的。本章将要提到的人物是这段历史早期的主要人物之一。要把完整的故事写出来可能需要一本书，我们将要提到的仅仅是让经济学成为一门全新的数学学科的宽广道路。

"让我来写一本教科书"

某种程度上，经济学的战后轨迹可以从保罗·萨缪尔森（Paul Samuelson）的职业生涯中捕捉到，他是 20 世纪最杰出的经济学家之一。他广受赞誉，不仅因为他使经济学发展出了一套共同语言，还因为他将这套语言拓展到更广阔的世界中。他写作的经济学教科书全球销量已达 400 万册，在几十年的时间里一直被当作经济学课程的入门圣经。

萨缪尔森是一位天才，他 16 岁就进入芝加哥大学，当时正值大萧条最严重的时候。萨缪尔森于 1941 年获得哈佛大学经济学博士学位，而就在一年前，麻省理工学院（MIT）聘任他为刚成立的经济学系的助理教授。他从此在 MIT 度过职业生涯，1985 年退休后仍然持续活跃，直到 2009 年去世。

萨缪尔森在 1970 年获得了诺贝尔经济学奖。诺奖委员会点名赞扬了他的博士论文，萨缪尔森给这篇文章定了一个谨慎的标题"经济分析的基础"（Foundations of Economic Analysis），后来这篇论文还成书出版。根据诺贝尔奖网站上的萨缪尔森个人简介来看，经济学的古典语言中有许多矛盾、重叠和谬误，[15] 而他提出这些新的经济分析基础就是对此做出的改进。在"经济分析的基础"一文中，萨缪尔森写道，经济学家一直进行着"一种腐化的思想训练"，就好像"训练有素的运动员从未参加过一场比赛"。这是一个研究生对经济学领域的严厉指责，包括他在哈佛大学的教授们，这些教授的复杂思维缺乏逻辑一致性，他们的研究与 20 世纪 30 年代美国遭遇的现实经济问题完全没有联系。从这篇论文开始，萨缪尔森用毕生的精力将数学的统一和清晰引入经济学。

诺贝尔奖获得者往往都有自己独特的理论、洞见或一组具有内在联系的见解，甚至是一篇单独的论文。而萨缪尔森用新的数学语言重写了经济学，这就是他的贡献，虽然借用了物理学家和数学家早已使用的思想。比如，他引入了布朗运动（一个物理概念）来理解金融市场，引入勒夏特列原理（来自 19 世纪的化学家）作为理解市场均衡的工具。萨缪尔森虽然不是独立完成这项工作，但他做出了很多核心贡献。

我们也可以看到，在萨缪尔森之后，使用数学并没有让经济学在理解现实问题上变得逊色。他的教科书在经济学模型和现实事物之间架构了桥梁，塑造了好几代大学新生的观点。正如他的一句著名妙语："如果我能给一个国家的学校写教科书，我就不在乎谁来写这个国家的法律，或谁制定了高等级条例。"[16]

许多人认为萨缪尔森的成功证明了他的天才。西尔维娅·纳莎（Sylvia Nasar）在《纽约时报》上写道："他 30 岁就已经是同时代最卓越的理论家了。"《纽约时报》为他发布的讣告中称他是"20 世纪最重要的学院派经济学家"[17]。

这一点毫无疑问。但是，还有一点很重要：时代已经为经济学的数学革命做好了准备。即使没有萨缪尔森，也会有其他人或团体，萨缪尔森自己就是这么认为的。经济学家已经为数学的统一性做好了准备，因为他们需要数学工具去理解世界，改变世界。而同样的工具也可以将雷德福德的战俘营经济学转化成一组简洁的数学公式。

这是一场有些目中无人的冒险，许多人开始相信，谨慎地运用成熟的模型，经济学能够阐明经济的内部运作原理，避免另一场大萧条，击败商业周期（2008 年之前，经济学确实看起来能实现这一点）。

今天的经济学专业仍然具有很多傲慢：过度把数学模型当作预测工具，我们甚至对市场进行了巨大的实验，导致了一些不确定的结果。但是，适度地使用模型能够让我们更深入地了解经济的本质，模型还为我们提供了一个工具箱和一组直觉，让我们能够设计出更好的市场。

雷德福德先生，遇见一般均衡

萨缪尔森的"经济分析的基础"不过是个开头，经济学还有一系列问题待解决，很多经济学家都有着强烈的意愿去解决这些问题。

于是，随之而来的就是解决（以及不断解决）经济学基本问题的一代经济学家，他们也用上了高等数学工具。

作为一个群体，他们智力超群、无可比拟，并且常常对自己的个人能力充满自信。和萨缪尔森一样，他们聚焦于让经济学发展成为一门科学的核心问题，原因可能并不如你所以为的那样，他们不只停留于推动经济学的发展，他们还寻找并解决具有挑战性的问题。结果证明，他们追踪的一些经济学基石非常棘手。

这群战后经济学家中最著名的人物之一是肯尼迪·阿罗（Kenneth Arrow），他是一位非常聪明的数学家，善于寻找未解决的问题。他解决了其中最艰难的几个问题，而这些问题正好都与雷德福德在战俘营的经历有关。但是雷德福德的论文只是对一个特殊市场的观察，阿罗和他的同事则完成了市场总体概念的数学建模。

阿罗于1921年8月23日出生于美国纽约，童年经历了大萧条，后来在纽约城市学院学习社会科学和数学，并于1940年毕业。他的家庭在20世纪30年代的大萧条中失去了所有的财产，他的愿望不过是用自己的天赋获得体面的生活。于是他进入哥伦比亚大学开始了统计学专业的研究生学习，这样他就能走上精算师的职业之路，这是一份稳定但以枯燥闻名的职业（关于精算师，会计师之间流传着这样一个笑话——"为什么有会计师想去做精算师呢？因为他发现簿记太有意思了"）。在统计学家兼经济学家哈罗德·霍特林（Harold Hoteling）的影响下，阿罗将注意力转向经济学。

第二次世界大战期间，阿罗在美国陆军航空队担任气象官，在此期间他专注于理论研究并发表了他的第一篇论文"飞行规划中对风的最佳利用"（On the Optimal Use of Winds for Flight Planning）。1946 年阿罗回归哥伦比亚大学继续研究生课程，同时在芝加哥大学考尔斯委员会担任研究助理，在他还没毕业的时候，就成为一名助理教授，这都证明了资深经济学家在他身上看到了潜力。

阿罗渊博的知识绝不限于经济学和高等数学的深奥交叉。曾经有人采访他是怎样写出 1954 年发表的论文"竞争性经济中均衡的存在"（Existence of an Equilibrium for a Competitive Economy，与德布鲁合作）的，对于论文中讨论的问题，他立刻能够拓展到长达几个世纪的思想史，从 1848 年约翰·斯图尔特·穆勒对经济危机的看法，到美国最新的货币政策。即使当时他已经年逾 90 岁，却非常健谈，思维清晰、分析透彻，令人信服，就好像他花了 60 年的时间消化并理清了 1750 年以来经济学家创造的全部知识（我们认为他确实做到了）。[18]

关于阿罗有许多无法考证的传说，一直可以追溯到 20 世纪 60 年代，当时他已经搬到斯坦福。他经常和其他学院的同事一起吃午饭，包括当时最伟大的思想家，比如物理学家马文·乔多罗（Marvin Chodorow）、数学家塞缪尔·克林（Samuel Karlin）、哲学家帕特里克·苏佩斯（Patrick Suppes）。他们都厌倦了阿罗对每个话题的了解比其他人知道的加起来还要多，于是密谋让阿罗出一次丑。他们深入研究澳大利亚原住民，随后在一次午餐时间假装无意地引入这个话题。结果阿罗不仅读过他们花几周时间突击的所有研究，而且对这些知识的了解仍然比他们要多。他滔滔不绝地对此发表见解，跟平常一样。[19]

在哥伦比亚，阿罗接触了一些难题，他找出了解答方法并因此成名（至少在经济学领域）。战后经济学的圣杯，是证明在一个存在"众多"相互交易的小买方和小卖方的市场中会出现均衡。一边是消费者的要求和欲望，另一边是卖方的资源，当每个卖方都能卖出他期望的数量，每个买方都能买到她希望的数量（在市场价格下），就会产生一组价格。这就是经济学家志在用他们新近学到的数学语言论证的问题，即保证市场经济稳定的条件。

阿罗曾与他在哥伦比亚的导师、伟大的统计学家亚伯拉罕·沃德（Abraham Wald）谈及证明均衡存在的问题，沃德告诉他"这是一个十分棘手的问题"，"对你来说太难了"。这个挑战刺激阿罗不断努力，去证明这个问题。

1951年，技术上的重大进步简化了均衡存在证明，这种简化甚至出乎沃德的想象。博弈论学者约翰·纳什（John Nash）借用日本数学家角谷静夫（Shizuo Kakutani）的不动点定理证明了博弈论里纳什均衡的存在，而纳什也因为《美丽心灵》（A Beautiful Mind）的小说和电影广为人知。根据阿罗的复述，当时的问题就是如何证明竞争性均衡的存在。这是一场阿罗、法国经济学家德布鲁，以及其他经济学家之间的竞赛，他们都想第一个做出来，并且做得最好。

阿罗回忆，他总结了自己在论证均衡存在定理上的第一次尝试，写了一份工作报告，然后赶去欧洲做了一些讲座。到达欧洲后不久，他收到了德布鲁从芝加哥发来的跨洋信息。德布鲁看了阿罗的报告，他最初的留言是告诉阿罗他也在用相同的方法做论证，他传了一份文稿过来，上面有他对均衡存在定理的一些看法。第二天，德布鲁又发了一条信息，说他又认真地研究了阿罗的报告，发现了一个错误，于是他（德布鲁）决定发表自己的证明。过了一晚，阿罗又收到德布鲁的消息，说自己弄错了，昨天发现的错误并没有错，但是有发现了另一处错误。长话短说，他们最终走到了一起，提出了更多的假设，修正了各自的错误，完成了证明，并一起发表了结果。

一般的外行读者可能完全无法读懂阿罗和德布鲁在 1954 年发表的证明。他们描述的市场是一个高度抽象的市场，说老实话，没有人会认为现实中有"均衡的存在"（Existence of Equilibrium）一文描述的市场，阿罗和德布鲁自然更不可能认为这样的市场会存在。虽然我们都知道完全抽象的市场不是完全正确的，但是我们都希望有一种清晰、简单、普遍的理论，这可能是因为经济学家都有些羡慕物理学家。

但是，专注于简约之美还有另一个更现实的目的。要理解正在发生的事，我们都希望有一个复杂程度刚刚好（不会太复杂）的模型来抓住问题的本质。建筑师永远也不可能建一座真正的摩天大楼来进行压力测试。相反，他们设计了电脑模型，以及一个约 6 英寸（1英寸 =2.54 厘米）高的实物模型，然后把模型放在风洞里进行测试。这个模型看起来非常像真的，但不过是对真正的摩天大楼粗糙简单的仿制。这样的模型能够用来弄清楚飓风期间房子是否会倒塌。

从某种意义上来说，阿罗和德布鲁的模型是对市场的一种压力测试，是对理解哪些条件保证了市场达到满足状态的一种尝试，这里的满足状态是指社会的手段和要求完全一致。

这也许看起来非常深奥，某种程度上说也确实如此。但是回想斯密，他描述的无形之手的魔力永不过时：在一个运行良好的市场中，每个人都为自己的利益行动，最终却增进了公共利益。他本质上是在描述市场均衡的荣光：在这一状态下使用经济中的资源，不可能在不使任何人境况变坏的前提下，使得至少一个人的境况变得更好。也就是说，市场均衡是一个帕累托最优。此时没有浪费，没有混乱的分配，不用交换我的面包和你的鸡蛋来让彼此更幸福，企业也无法通过改变生产的产品赚更多的钱。当然这不是最佳的世界：仍然会有贫富——在这个模型中，没有政府来纠正这种不平等。但是在这种状态下，世界有效运行，并且这就足够了。

以此为背景，寻找均衡就具有了重要的意义。均衡存在的条件阐明了无形之手是否、何时以及如何实现奇迹。他们用了很长的时间，逐步放松以前证明中的一些确实很荒唐的假设。比如阿罗和德布鲁两人推迟出版他们在 1954 年得出的证明，因为他们想去掉其中一个假设，即消费者至少拥有每一种可用于消费的物品。早期的模型假设所有人的地下室一开始都储藏着少量的黄金、铜、钢以及其他最终能够用来交易的小玩意。

证明包括了许许多多必备的条件，并且时常令人费解。他们的均衡证明包含了调整过的消息灵通的生产者，这些生产者能够根据便于数学表达的生产技术将投入资源转化为产出；还包含了根据同样便于数学表达的方式将购买转化为幸福感的消费者。在这个数学世界中，没有汽车生产商会丢失一批轮胎，也没有 iPhone 用户会改投安卓阵营。

这些贡献让阿罗在 1972 年、德布鲁在 1983 年分别获得了诺贝尔经济学奖。和以前的诺贝尔经济学奖得主一样（诺贝尔经济学奖正确的名称应该是瑞典中央银行纪念阿尔弗雷德·诺贝尔经济科学奖，1969 年才开始颁发），阿罗在 1972 年获得诺贝尔经济学奖（和约翰·希克斯 [John Hicks] 一起）很大程度上是业内人的奖项。它是为了奖励阿罗对经济学基础所做的贡献，但是公众对于这些研究却一无所知。引用诺贝尔奖委员会的说法，希克斯和阿罗因他们在"一般经济均衡理论和福利理论上的开创性贡献"受到表彰。

这些理论有实际用途吗？至少不能直接使用。[20] 实际上，阿罗发表了部分存在证明，并在几年后转向了医疗市场研究。他说，因为他会为自己没有做一些实际的事情感到羞愧。

但是阿罗和德布鲁列出了一个完美市场应该具备的条件，给未来的研究者理解真实市场的诸多缺陷以及如何修正这些缺点奠定了明确的起点。

20 世纪 60 年代的经济学反主流

数学革命在 20 世纪 50 年代达到顶点，为几年后的反革命奠定了舞台。下一代革命者并没有放弃数学模型，但是他们更注重让自己的抽象概念更直接地和实际经济现象联系在一起。世俗经济学家的思想让经济学领域回归于描述世界。

这一时期的许多经济学家都提到了罗伯特·索洛（Robert Solow），他是 MIT 另一位获得诺贝尔奖的经济学家，是这些经济学家进行研究的灵感来源之一。索洛在竞争模型中引入了不同种类的资本，比如高投入和低投入，这是一个初步但关键的步骤，能够使这些模型看上去更契合真实市场。西奥多·舒尔茨（Theodore Schultz）是一个在中西部农场长大的男孩，他的父亲在他上完八年级后就让他退学，怕过多的教育会鼓励这个男孩离开农场，但正是这个男孩进一步拓展了索洛模型。虽然他父亲不乐意，舒尔茨最终在威斯康星大学读完了经济学博士。舒尔茨模型进一步发展了索洛提出的概念，认为一个人是高中辍学生还是工程博士会影响其生产力。他成功地用索洛解释资本的方法开创了解释劳动力的经济学（对人力资本理论的进一步完善来自另一位诺贝尔经济学奖得主加里·贝克尔 [Gary Becker]，他研究了为什么个人投资于教育和阅历，以及这些人力资本投资给经济带来的影响）。

结论似乎很明显：机器无法相互替代，人类也不能相互替代。这些新的洞见代表了经济学实实在在地往前跨进了一步。通过引入复杂性，我们开始考虑真实世界的市场，它们的特殊之处如何背离原始优雅且简化的完美竞争模型——不论是猪肉市场还是医疗保险市场。而这些创新都没有对抗 50 年代提出的市场模型的基本假设，特别是那些关于谁在什么时候知道哪些信息的假设。正如 2001 年诺贝尔经济学奖得主约瑟夫·斯蒂格利茨（Joseph Stiglitz）所言，在他之前，建立模型的人乐观地期望"信息不完全的经济能够和信息完全的经济看上去相同"[21]。

斯蒂格利茨和他同时代的经济学家更具怀疑精神。在他们眼中，每一个市场都有各不相同的功能失衡。他们都证明了即使只是一小部分的功能失衡，也会使深度抽象的一般均衡模型失效，无法解决所有的难题和矛盾。

比如，标准理论不包含衰退——即突然间找工作的人大爆发或企业大量倒闭。早期的模型无法适应这样的跌宕起伏，因为在一个完全信息的世界里不存在使经济进入低迷的意外事件。正如斯蒂格利茨所说的，"在标准模型里，一开始就实现了充分均衡，此后的一切都不过是偶发事件按计划依次发生"。在这样的模型里，第一天全能之神创造了经济，随后的一切都是命定的。不管它在数学上看起来多么优美，这样的模型不符合实际。[22]

理论在面对现实时哑火，经济学需要不同的方法和一种不同以往的形式。它要把每一种不同的市场及其缺陷和失效都视为独立的运动。比如，你不能用一个通用的"城市"模型来理解开罗、墨西哥城、阿姆斯特丹和纽约的都市景观。当然，新一代的经济学家也没有打算抛弃所有的模型，他们必须理解一些一般情形。要理解阿姆斯特丹的交通模式，也不需要建立一个实物大小的城市模型。

MIT 的经济学家埃弗塞·多马（Evsey Domar）在 20 世纪 40 年代到 50 年代以数量经济学家声名鹊起，他曾以写小说和写戏剧为类比。写故事的作家不会观察日常生活中的细节：耐着性子看生活中的无数枯燥时刻，这样做显然毫无意义，也极度无聊。[23] 但是，"为了某些目的，根据一个或一些包含大量复杂情形的现实片段，一些简单的、容易掌控的关键点，再以巧妙的方式组织起来，建立……有关的经济模型或经济理论，会变成现实的替代物"。

这一代新的经济学家与他们的先辈不同，他们相信，要看到不同的单个市场的特性，就必须在理论和模型中包含有效替代现实的不同关键点。我们会在下一章再次提到这一点。

介绍了这么多一般均衡理论的来龙去脉，我们更想表达的是经济学经历了巨大的变革，即使它研究的一般性主题仍然保持不变。到 20 世纪 50 年代末，经济学已经有了严谨的数学论证。翌年，这些工具被证明不仅有助于我们更精确、更具体地描述世界，而且能够使世界变得更美好。

从 1776 年斯密出版《国富论》到 19 世纪的世俗经济学家，经济学家解释世界的方式从语言变成了语言和数学，用这些方式，他们的表述有时候很清晰，有时候又很混乱。20 世纪中叶，数学革命使经济学发生转变，并且为经济学改变世界的存在方式奠定了基础。[24]

How One Bad Lemon Ruins the Market

That's for Me to Know and for You to Find
Out (But Only When It's Too Late)

一个坏柠檬
如何毁掉一个市场

应该了解的信息，我们总是知道得太晚

乔尔·波多尔尼（Joel Podolny）现在是苹果大学的校长，领导着公司内一个致力于训练员工"像斯蒂夫·乔布斯一样思考"（按照内部人的说法）的团队。在他职业生涯的早期，波多尔尼任教于斯坦福大学商学院，很多硅谷企业家都曾受他的影响。杰夫·斯科尔（Jeff Skoll）就是其中一位，他是易贝（eBay）的第一任总裁，并因此成为百亿万富翁。[1]

据波多尔尼回忆，两人在斯科尔快完成 MBA 学位的时候才相遇。自然而然地，他们聊起了斯科尔毕业后的去向。波多尔尼回忆说，斯科尔有许多选择。他可以回奈特里德出版公司（Knight-Ridder），在进入斯坦福大学之前，他就是该公司的互联网服务经理。他们还讨论了管理咨询，很多 MBA 毕业生都会选择这条久经考验的出路，光明且无风险。最终，斯科尔描述了一种不同于企业的路径，他是这样开头的："我有一个朋友建了一个网上拍卖网站……"接下来他描述的就是易贝的原型。

1995 年正值互联网发展初期，有一批具有企业家精神的硅谷程序员研究怎样通过互联网致富。斯科尔的朋友皮埃尔·奥米迪亚（Pierre Omidyar）就是其中一员。奥米迪亚建立了一家很小的交易网站——拍卖网站（AuctionWeb），虽然这家公司只有一个人，但是很快超过奥米迪亚的管理能力。他希望斯科尔来帮他运营。

波多尔尼回忆，当时他告诉斯科尔，斯坦福的学位容许他"自由地尝试失败"。因为中间商和咨询公司总会愿意雇用优秀的 MBA 毕业生，斯科尔应该追求他的拍卖网站之梦。虽然波多尔尼这样建议，但他当时认为这是一个"糟糕的商业模型"，并且他非常确信 6 个月后，杰夫·斯科尔就会向奈特里德公司或麦肯锡乞求一份工作。

波多尔尼产生这种怀疑的原因，也是一种全新的市场经济学的核心，它出现于阿罗和德布鲁时代之后的 20 世纪 60 年代。如果说数学革命在 50 年代早期让阿罗和德布鲁证明了均衡存在——聚焦于市场完美运行时的条件，那么接下来的这一代经济学家则进一步发展模型，来理解市场无法满足这些条件时会发生什么，聚焦于最脱离现实、最不合理的假设，也就是使阿罗和德布鲁得以完成证明的假设。

这就需要完全地重新构建经济模型。经济学的发展在阿罗和德布鲁手中实现了更普遍的一般性。但是，均衡存在证明已经非常复杂，要做到更复杂，唯一的办法就是分解模型，让它只反映一个特殊的行业和情形——比如只反映医疗市场、银行贷款或汽车，并且探索放松阿罗和德布鲁的假设将在现实中引发怎样的后果。

20 世纪 60 年代，建立模型的方法同样使得经济学家更深入公众视线和商业实践：尽管普通大众完全无法理解阿罗和德布鲁的证明，但是接下来的一批经济学家建立的模型却很容易转化成一些深刻且有见地的观点。并且，随着经济学家逐渐关注特殊情况，他们与商业实践者和公共政策制定者的联系也越来越密切，用模型影响实践，而实践又反过来促进经济学家建立更合理、更现实的模型。

这批经济学家专注于一个特殊的假设，即买方和卖方无所不知，而这一点似乎并不符合现实。比如说，如果卖方比买方更了解自己出售的商品，将会发生什么？在所谓的真实世界里，真实的情况又是如何？最终，你将在经济学上陷入老格劳乔·马克斯（Groucho Marx）式的台词——如果有一家俱乐部邀请你加入，肯定不是你想去的那家：如果有人极度想卖给你一些东西，你最好不要买。经济学家已经揭示了，在某些情况下，市场为何会崩溃，正如波多尔尼对拍卖网站的未来预测。

互联网充斥着虚伪和欺骗，也就给许多人期望的无缝交易增加了不少摩擦。实际上，易贝的早期故事有一部分是关于市场交易的危害，他们也低估了市场原教旨主义将市场作为世界一切问题的答案的愿景。这些故事值得今天的互联网参与者和企业家牢记在心。

但是，不论易贝和其他企业一开始遭遇了怎样的问题，硅谷的思想家和创新家都赢得了胜利。不对称信息，也就是卖方知道的比卖方更多，使得经济的互联网化更加错综复杂，而易贝和其他电子商务建立了很多方法来确保市场合理运行。正如我们所见，它们的成功给经济学家建立模型和进行实验提供了更多原始资料。

电子商务的时代

斯科尔来到硅谷，正如奥米迪亚和其他人一样，尝试弄明白如何把互联网变成一个能够实现透明的市场交易的平台。难题之一，是互联网建立的目的与他们的想法完全相反。1989 年计算机科学家蒂姆·伯纳斯－李（Tim Berners-Lee）发明互联网时，它被作为一个信息管理系统，用来处理欧洲核子研究组织（CERN）的核能研究员产生的日益膨胀和相互关联的数据，当时伯纳斯－李是 CERN 的软件工程师。所以，互联网的最初构想中没有买方、卖方，也没有市场。

伯纳斯－李设想知识是一个相互关联的网络，因此互联网能够成为一个把买方和卖方联系起来的社区。如果知识的结构完全是另一种样子，比如像图书馆目录那样分类或按照学科和主体划分信息，网络也就不可能成型。相反，信息是以一种相互关联的方式组织起来的，并且有许多中心和枢纽，使网络架构师最终能够将次原子粒子替换成市场参与者。[2]

由于互联网在起源之初是作为一种信息管理系统，对于互联网如何改变市场的早期预想，毫无疑问都强调它能给消费者传递有关产品质量的优质信息。政治学家詹姆斯·斯奈德（James Snider）和科普作家泰拉·齐波林（Terra Ziporyn）在他们 1992 年合著的《未来商店》（Future Shop）一书中，详细论述了把互联网作为市场指导者的论题。他们认为互联网本质上是一个大范围以互联网为基础的竞争性且个性化的《消费者报告》（*Consumer Reports*）（像目录那样给消费者做一些个性化的推荐，比如买哪种录放机或微波炉）。某种意义上，他们预测了以互联网为基础的商业的出现，但是他们的愿景很具体，也只局限于产品信息市场：他们认为，将会有很多公司提供消费指导服务，告诉消费者应该购买什么，并且消费者愿意为这些个性化的推荐服务埋单。《洛杉矶时报》（*LA Times*）的评论称他们的观点"善意、有理有据，并且极富争议"，虽然有那么一点"夸大其词"。一个更加充满质疑的学术评论则称他们的观点具有"严重的缺陷"[3]。

　　甚至在《未来商店》出版的时候，就已经有人致力于更直接地用互联网连接全球的用户和网页，开发销售平台了。1992 年，查尔斯·斯塔克（Charles Stack）在克利夫兰建立的网络书店是第一家在线零售商，比杰夫·贝佐斯（Jeff Bezos）的互联网书店生意早很多年。斯塔克先生的公司"书库无限"（Book Stacks Unlimited）有非常基本的在线图书目录，你只能输入单个关键词，比如搜书图书书名，还提供邮购业务（邮购列表中有成百上千的新书）。为什么没有旧书？因为这是 1992 年，哪个正常人会在没有看到现货的情况下，就在互联网书店购买一本旧书呢？你怎么知道到手的是什么？

　　这也正是波多尔尼对易贝模式的担忧。正如波多尔尼的回忆，斯科尔把易贝模式描述为"人们把要出售的东西发布出来——我甚至不记得当时能不能把照片挂上去。杰夫举了一个棒球卡的例子，解释说，你可以在发布的时候设定一个结束日期，然后等着买家出价，拍卖结束时，出价最高的买家就买下了棒球卡。我试着构想整个过程并且问他：'也就是说，有可能买方在堪萨斯，而卖方在旧金山？'他回答说：'当然。'我问他交易到底怎样发生。看上去既无法实现买方给棒球卡的拥有者寄付支票，然后卖方兑换支票后给买方寄送卡片，反过来也不现实。这两种方法，不论是寄出商品或开支票，都需要有人在知道将要获得什么东西之前，跨越信心的鸿沟。因为欺诈的机会是如此之高"[4]。

看易贝早期的记录，斯科尔自己也有所怀疑。他质疑拍卖网站，或者说他质疑更普遍的互联网零售能否实现有意义的结果（虽然波多尔尼想不起来斯科尔曾在校园草坪的闲聊中透露过这样的怀疑）。这也许能够解释为什么斯科尔最初会接受奈特里德公司的职位，而不是全职为奥米迪亚的初创公司工作。他的不安来自他在互联网商务研讨会中所做的演讲，他问研讨会的参与者有没有人在网上买过东西，而几百人的听众只有3个人举手。如果这些科技商务的先锋都没有上网买过东西，又怎能希望世界上的其他人上网买东西呢？

阿克洛夫的柠檬市场

乔治·阿克洛夫（George Akerlof）从来没有打算创造一个理论框架去扶持电子商务走向繁荣，也没想过改变经济学家创造理论的方式。20世纪60年代，他还只是一名普通的助理教授，正在准备一篇非正统的论文——关于旧车市场的经济学，这篇文章要发表在一本学术期刊上。

如今，阿克洛夫是位于华盛顿特区的世界货币基金会的常驻学者，他的妻子珍妮特·耶伦（Janet Yellen）当选为美联储主席之后，他们一起搬到了华盛顿。当妻子不需要他陪同，而由特工护送她出席全球最有影响力的中央银行行长必须参加的活动时，阿克洛夫过着一种平静的学术生活。与其他诺贝尔奖获得者不同，他没有用诺贝尔奖去巩固自己在政治和商业中的大师地位，也没有追逐高薪的顾问或公司董事会兼职。据我们观察，他似乎满足于放松且从容地思考大问题。当我们发邮件询问他是否能够和我们交流他在经典论文"柠檬市场"（The Market for "Lemons"）中提到的不对称信息时，他回复道："当然，随时欢迎。"[5]

"柠檬市场"研究最终使阿克洛夫获得了诺贝尔奖，在解释自己如何开始这项研究时，这位伯克利经济学家回忆起 20 世纪 60 年代在 MIT（在保罗·萨缪尔森建立的经济学部）攻读博士的经历。他进入研究生院时，经济学家正在摆脱几个世纪以来统治经济学的极度抽象。虽然关于旧车市场的论文令他名声大噪，但最初遇到启发他撰写旧车市场论文的问题时，阿克洛夫并没有一开始就讨论失业（标准模型的这一失败，困扰了阿克洛夫 40 多年），也没有讨论 60 年代的反主流经济学或其他经济现象。他提到了代数拓扑，数学的一门分支，研究的是形状和空间，以及它们在拉伸和弯曲中如何改变形态。他在研究生期间跟随哈佛大学的数学家拉乌尔·博特（Raoul Bott）学习这门课。为什么选择拓扑？"我不知道，"他说，"我只是感觉会从这门课程中获得些什么。我想摆脱当时的技术。"

哥伦比亚大学的数理经济学家保罗·西科诺尔菲（Paolo Siconolfi）向我们解释道，对于阿克洛夫来说，拓扑并没有特殊的价值，有价值的是数学家从实例中探索普遍模式和现象的方式。

拓扑学家认为所有的二维对象都属于同一类对象。方形和圆形并没有区别：圆形只不过是方形的另一种形式，至少从拓扑上来讲如此。但是拓扑学家（或把这个领域教授给门外汉的教授）可能通过研究一个方形、一个三角形或一个圆形来更好地理解这些形状的一般特性。

在柠檬市场的论文中，阿克洛夫检验了当市场中一方知道的比另一方多的市场环境。但是他创造了一个"玩具模型"，并且用它来模拟。用拓扑学来比喻，就是他通过讨论方形长什么样，研究了形状的一般理论。

阿克洛夫简练的方法反映了经济学家思考模型的方式发生了根本的转变，他们不再把一般性作为终极目标，而是通过各具特性的模型来探讨概念和思想。经济建模发生了根本性的改变，对于消除一般均衡理论中的极端假设和数学复杂性来说，这一改变非常关键。阿克洛夫没有改变标准模型，而是引入了一种新的建模方式——后来在经济学中被称为应用理论，这一理论在真实世界中实际有着显而易见的现成对照物。这种变化能够更加直接地把真实世界转化为经济模型，也使经济学走上了另一条道路：在纸上设计模型和市场，并使用这些想法塑造真实世界的运行方式。

希望经济学更直接地反映我们在现实中观察到的情形，这样的愿望无疑也推动了实证经济学的兴起，而实证经济学旨在通过数据反映我们对世界的看法。信息技术革命和随之而来的运算能力进步推动了实证革命，研究人员从此能够研究海量的数据，这在阿克洛夫所处的时代是难以想象的情形。

除了抽象的概念，阿克洛夫真正做了什么？他的经典研究聚焦于汽车交易中的问题，这些问题来源于二手车市场存在着一些次品（lemons，柠檬在美国的俚语中表示次品），阿克洛夫认为这样的市场更容易用来研究卖方拥有更多信息而消费者却不知情的市场中产生的一般性问题。阿克洛夫的模型遵循的逻辑与波多尔尼预测易贝（对他个人来说）必将失败时所用的逻辑是一致的。这一模型也让一整代经济学家和商人（他们有时候也要面对不知情的情况）基于柠檬市场理论进行交易。

就像许多重要的经济学思想一样，你不需要复杂的数学知识就能理解阿克洛夫的观点。我们可以用一个简单的案例来理解它。实际上，阿克洛夫的分析也不过比我们接下来的描写复杂了那么一点。

接下来我们就来解释阿克洛夫的洞见。假设有两种类型的汽车：运行良好的汽车和有故障的汽车。汽车最终跑不动有很多原因，齿轮磨坏了，或没有及时加油，抑或开得太快，还有一些汽车是在出厂的时候因为装配疏忽而不合格。如果你没有听说过"星期五汽车"（friday car）或"星期五下午汽车"（friday afternoon car），那么你可以搜索一下。

有些人不好好保养车辆，还有些人多年驾车，知道自己的车不可靠，他们都明白自己的汽车是柠檬（次品）。然而，毫不知情的买方并不了解。所有的汽车，不论是星期三生产的，还是星期五生产的，看起来基本一样。想象一下这两类车的车主都怀着同一个目的：卖掉自己的汽车。车辆不佳（柠檬）的车主很乐意 2,000 美元就脱手，而优质并且保养良好的车辆（樱桃）的车主可能也只能卖 10,000 美元，如果无法卖到这个价，车主最好还是继续使用这辆可靠的旧车，而不是卖掉再买一辆。另一方面，买方会很乐意付 3,000 美元买一辆待修旧车，或 12,000 美元买一辆状况良好的旧车。

在这个市场上，两种类型的车在交易中都能产生好处。坏车的车主应该和愿意出 2,000 美元到 3,000 美元的买方交易，而且双方都会对这项交易感到满意。好车的车主应该和愿意出 12,000 美元的买方交易，并且还能得到高于 10,000 美元报价的收入。总之，买方满意，卖方也满意，市场施展的魔力跟雷德福德笔下的穆斯堡战俘营市场一样。

然而，你可能已经发现，事情可能并不会如此顺利。次品（柠檬）会以 2,000 到 3,000 美元成交，但是对于高质量二手车的买方和卖方来说却不是这样。思考一下，如果价格低于五位数，优质品（樱桃）的所有者是不会把车脱手的。假设他标价 11,000 美元出售旧车，而你是潜在的买家，如果这真的是一辆优质车，你会很乐意买下来，但是并没有办法证明标价高的车就不是一辆外表光鲜的坏车——抹上口红的猪仍然是一头猪。所以，聪明的买方不会为任何一辆二手车支付超过 3,000 美元。

阿克洛夫的论文就表明，在这样的推论下市场将完全崩溃。想象一下，市场上还有一些质量更差的车，只值几百美元，而且很难和 2,000 美元的车区分开来。这样一来，对质量的担忧将摧毁整个市场，对于"质量更高"的次品（柠檬）市场来说，情况也是一样。

因此，在二手车市场中，如果卖方无法把优质品和次品区分开来，最终整个市场中的车辆都将以次品的价格定价，而"二手车推销员"将和诈骗犯没有两样。如果你很好奇为什么你的车在开出车行之后就掉价 20%，那么一定是存在"柠檬问题"：什么样的卖方会刚买了车就想卖掉呢？只有那些发现他买的车是一辆坏车（或只开了几英里就弄坏了车）的人。更重要的是，信息差距给买方和卖方在交易中带来的摩擦，市场不再具有效率。只有交易的商品能够确保质量，市场上才会有愿意出售优质二手车的卖方和愿意付高价的买方。

但是他们无法确定质量，所以市场就会崩溃。这正是波多尔尼对易贝产生忧虑的原因，而且这一推论不仅适用于二手车和电子商务网站。

思考一下失业率增加的危险。阿克洛夫有着更宏大的议题，他试图解释广大的宏观经济现象，比如衰退和失业，而这些问题无法与现有的竞争市场模型相调和。[6]

在研究生院，阿克洛夫已经开始研究失业，他写下了一个搜索模型——雇主和雇员都需要一些时间找到对方。他对自己的付出"有那么几分满意，但不是百分之百"。这个模型也是他博士论文的一部分。搜索模型在阿罗和德布鲁运行良好的经济中撒了一把沙子。失业的人自愿选择失业，而非出于不可避免的失业，他们耐心地寻找更有前景的工作而拒绝了聘用：也许是更短的上下班距离、更高的薪酬或更有前景的职业晋升之路。

许多美国人越来越长时间地处于无工作状态，但是又愿意做任何工作，只要能拿到工资。在阿克洛夫看来，这两点是难以调和的。[7]许多人浏览招聘广告，希望立马能找到比煎汉堡、电话推销更好的工作机会。但是有关失业的这一观点忽略了工作市场上的很多残酷现实，很多长期失业者都需要面临这些残酷现实，阿克洛夫觉得有必要建立一个模型来解释这样的现象。

由此引出了柠檬市场，这一理论更好地解释了为什么劳动力市场对那么多人是无效的（对于劳动力市场为何与阿罗－德布鲁的理想状态相去甚远，阿克洛夫的模型也并非定论，但他觉得至少比以前的理论更令人满意）。

即使针对失业工人的市场在"逆向选择"的压力下没有完全崩溃（市场上缺乏高质量的物品是因为他们还在所有者手中），我们仍然能够看到旧车市场和"旧"工人市场的联系：如果求职者的前雇主不想再雇用这名工人，不妨问一下为什么。你也可以想象得到，某人失业的时间越长，问题将越严重：到底为什么没有人愿意给她一份工作呢？其他潜在的雇主发现了我没看到的内幕吗？同样的逻辑也可以解释，如果你在某个年龄仍然单身，也就越来越难以让一个潜在的伴侣相信你毫无毛病。瞧，就是这样，一个有着大量二手车的市场，以及一个有着大量失业者的市场，他们愿意接受任何薪酬水平的工作。

新的经济范式

"柠檬市场"不仅为信息经济学奠定了基础，还改变了经济学家思考模型的方式。诚如我所见，柠檬模型没有极端抽象化买方、卖方、资本和劳动，阿克洛夫设定了前置条件：旧车市场上有汽车，有交易商，也有愿意花钱的消费者。这也不是一个从零开始的模型：这些旧车都是从哪里来的？每个交易商又是如何接触到这些旧车的？不看车的时候消费者会在哪里打发时间，而且为什么有些消费者想要高质量的车，有些却懒得操心引擎问题？至于阿克洛夫，这些都不是他需要关心的问题。他想要弄明白旧车市场（以及其他具有类似属性的商品市场），而不是发展一个适用全球经济的综合模型。

"柠檬市场"给经济学领域的代表性方法带来的改变，无论如何都不算夸大。以往学者已经在稳步推进，使模型越来越具有一般性，但是柠檬模型使学者开始将他们希望探索的具体现象考虑进来，建立旨在描述现实市场的模型，虽然这些模型仍然是抽象的。

阿克洛夫以他一贯的谦逊，观察到这不过是回归到约瑟夫·熊彼特和约翰·梅纳德·凯恩斯这些经济学大师描述经济的方法而已——他们从来没有自负到要建立一个描述完整体系的模型。市场的特征从天而降。比如，为什么人类在市场交易中具有被凯恩斯宣称为"动物精神"（animal spirits）的倾向和本能？熊彼特的"创造性毁灭"（creative destruction）中的企业家又是从何而来？它们存在于经济学家的假定中，基于经济学家的敏锐观察或其他学科的成果（如果你想理解动物精神或其他人类本能冲动，你肯定不会想请教经济学家）。

阅读了这篇论文的期刊编辑和同行评议只看到阿克洛夫描述的方形，却没有看到内里的拓扑学。阿克洛夫基于现实的经济学模型太过新奇，它惊扰了这门学科的卫道士。将论文提交给顶级学术期刊后不久，阿克洛夫就发现了这一事实，期刊的编辑告知他，期刊"不发表这种无足轻重的主题相关的文章"。其他人觉得他的案例是不证自明的，或完全错误的。正如一位评论家所说："我窗外就有一个旧车市场。"也许阿克洛夫的案例是简单的，但肯定不是微不足道。

这些评论家和编辑都错过了更深层次的理论，旧车只不过是一个例证，他们实际上是被阿克洛夫对一般观察的深刻见解震惊了。最终，这些观察成就了经济学历史上最重要，也是引用率最高的论文之一。

如今，在阿克洛夫的柠檬市场框架之上，经济学家不断完善模型。而阿克洛夫的影响不断加深：他实质上开创了应用经济学的一个全新领域，这个领域的目标是用阿克洛夫的方法所蕴含的精神建立模型，理解市场和经济。举一些近来有影响力的例子，有一个应用理论模型用来解释为什么律师事务所要以合伙制组建，为什么在现有医疗条件下不是任何情况都能获得保险，为什么政府官僚机构常常没有多大用处并且顽固不知变通（本书接下来还会讲到其他经典案例，每一个都会对经济学领域进行完整的调查）。

易贝、亚马逊、爱彼迎、脸谱网以及优步这类企业，聘请经济学博士，更直接地将阿克洛夫及其追随者的理念性洞见转换成现实指南，为它们在市场上获得竞争优势提供指导，或正如我们所见，用来重新定义整个市场（在阿克洛夫的论文中，主要的洞见就是在信息至关重要的商业中，当卖方比买方更了解自己的商品，市场将走向崩溃）。

这种洞见可以追溯到乔治·阿克洛夫年轻的时候，他在哈佛大学的第一年选择了学习拓扑学。

易贝上的逆向选择

虽然有过疑虑，杰夫·斯科尔最终没有经营易贝，和其他电子零售商（如亚马逊）一样，易贝通过网上销售获得了成功，这仅仅是因为它具备大量的资源，致力于使顾客避免受人玩弄。[8]正如一位易贝经济学家用学术术语描述的：“我们的工作是减少易贝上的不对称信息。”

我们不只在网上购买图书（新书和二手书都有）、纸尿裤、宠物饲料，收藏品、中国古董和高端汽车的网络市场也一样欣欣向荣。易贝在建立过程中有一个传奇故事：奥米迪亚建立拍卖网的初衷，是为了帮他的女朋友找到佩兹糖果盒收藏的交易伙伴。虽然这个故事不足为信。

写作本书的时候，易贝汽车上有数百辆保时捷等着交易，其中有几辆登记的报价甚至超过 10 万美元。而几十个中国花瓶每一件都有人报价 1 万美元。尽管最初有很多人持怀疑态度，我们可以从网上得到许多建议，比如买什么、为什么买——很多建议都是个性化的，虽然不是以《未来商店》的作者预测的形式。

在这个故事中，技术幻想家皮埃尔·奥米迪亚战胜了阿克洛夫的柠檬问题，证明了学者波尔多尼是错误的，但情况远比这复杂。确实，过去十几年中，易贝已经促成了数亿笔交易。但是波尔多尼预见的所有问题，易贝和它的电子商务竞争者们都遇到过，这在很大程度上是因为早期的互联网提倡者预期的世界（消费者拥有充分的信息）尚未实现。

我们先不管在互联网上销售和购买优质的艺术作品或汽车可能会遇到什么问题。思考一下简单的购物行为，比如在网上购买 AAA 电池。你会先选择一个值得信赖的牌子，在亚马逊的搜索框里输入"AAA 金霸王电池"，结果显示亚马逊自己不销售金霸王电池，网站上出现的搜索结果是一系列利用亚马逊这个网上销售平台的第三方商家。第一条购买选项是"家用百货"，整体评价是四星——不算太坏。

但是当你花点时间阅读顾客反馈，购买电池的过程就变成了一个旋转的轮盘。除了满意的顾客，还有一群不容忽视的不满意顾客。比如，一位名叫 Specklebang 的用户说，这家店卖的电池是裹在保密诺（Ziploc）塑料袋里寄过来的，就像"过期的冒牌货"。他的不满还得到其他评价的回应，其中一位甚至说他买的电池爆炸了。这时，你可能会（经历过的人都会）觉得不如去最近的实体店，这样你在购买之前就可以看到、摸到合法的美国产的金霸王电池了。

不仅电池如此。近年来，因第三方卖家通过亚马逊联盟计划销售过期的泰诺，强生与亚马逊发生了冲突；宝洁也声称亚马逊的供应商提供假冒的吉列剃须刀。

这些问题也困扰着易贝上的众多产品。最有名的是蒂芙尼，作为一家高端珠宝品牌，它对在易贝上宣称是蒂芙尼的产品进行了审核，发现 70% 都是假冒货（易贝的研究人员质疑这一比例，指出这一调查是由蒂芙尼自己资助的）。

那么潜在的蒂芙尼顾客会怎么做呢？如果你必须在网上购买蒂芙尼手链或钥匙项链，最好了解一下用户 yvonne9903 的心得，标题为"如何识别假冒的蒂芙尼珠宝"[9]。它淹没在易贝"专家社区"的大量帖子里，而这个社区里的帖子都是告诉你如何避免在互联网商务中上当受骗的。

来自 yvonne9903 的建议浏览量已经达到数万，这个建议帖里介绍了很多简单的小诀窍，帮助你避免很多明显的互联网诈骗（以下引用为帖子原文）：

· 每次购买都要先查看买家评价。

· 切忌！切忌！切忌从评价只对自己可见的卖家那里购买蒂芙尼珠宝！隐藏评价是一个巨大的危险信号，说明卖家在销售假货或隐藏事实。

· 如果有卖家声明不要对他出售的商品的真伪提出质疑，那么你就要保持警惕了。

这些初级要点只能帮助你避免那些特别简单的骗局。yvonne9903在建议中扩充了 2,000 多字，包含了需要更多时间来识别卖家和商品条目的窍门，比如：

· 不要只看评价数量，还要看最近从卖家处购买了蒂芙尼珠宝的买家。一定要查看卖家以前的商品条目！今天我刚找到一个卖家正在卖一套看上去是正品的蒂芙尼锁扣项链手链套装，还附上了一个非常可信的故事说明他如何得到这件商品的。于是我查看了卖家以前销售过的商品。猜猜我发现了什么？这个卖家上个月就卖掉了至少三套同样的项链手链套装。如果有人拥有三套全新的没有戴过的蒂芙尼珠宝，这不是很奇怪的事吗？事实正是如此。

· 至于在易贝上出售的"双心"项链，你要当心项链上的心形挂饰，它们不是弯曲的，形状应该像牌形项链和手链一样。并且只有大一些的底下的心形上镌刻着蒂芙尼商标 "Tiffany&Co."。上面的心形是空白的。另外，心形挂饰和链子呈一定的角度，如果你观察项链，链子穿过心形的左侧。如果是假冒的项链，链子会穿过心形的顶部。项链的两个心形上如果都有镌刻，或心形挂饰是弯曲的，千万不要上当，这肯定不是蒂芙尼正品！

为了表明自己是一名"不收报酬的购物导师"，yvonne9903 称，2011 年 eHow.com（一个旨在指导人们做任何事情的网站）曾经想买下她的购物建议专栏。但是，"花了 0.019 秒思考之后"，她拒绝了这个提议，"为什么？因为我花大量精力为易贝买家写下这些建议，那我就不该把这些建议从易贝上删掉。"讽刺的是，在这样的豪言壮语之后，yvonne9903 还公布说，她写的"如何鉴别假货"的建议被他人剽窃，网络上随处可见，她要求负责人尽快停止剽窃行为。

实际上，人们需要这些建议本身就证明了波尔多尼的观点，即很难保证易贝的卖家是诚信的：网络上的江湖骗子太多，想买便宜货的糊涂虫就是他们的财源。

我们可以回顾一下 yvonne9903 装模作样、加大加粗的建议，沉静一下，仔细观察，就会发现，纵容创业者做出虚假或误导性的营销不是随着 1992 年网络零售初见端倪才产生的。在漫长的历史中，诚实的商人和精明的顾客为了解决空谈和假广告想出了许多方法，骗子和轻信之人的故事则总是其中的逸闻趣事。那些让我们有信心且舒适地参与市场交易的机构也不是一开始就能起作用。在许多圈子里，"中间商"并不是一个好词，因为他们要从经手的业务中取得一份收益（当然也要保证质量）。电子商务网站的承诺之一就是让买方和卖方更轻松地联系起来，消除这些中间商。如果交易各方能够在网络上找到挂毯或珠宝，谁还会去买挂毯商和珠宝商的东西呢？而这些中间商自己不生产任何东西，光靠售卖赚钱，此时还能盈利吗？

但是很多时候，互联网也将卖方的虚假营销推到了一个新的高度。在网络上，让人相信商品好到难以置信非常简单，不论是在约会网站还是在易贝，都比在现实中更容易，尤其是当你在社区之外推广商业，比如更大范围的匿名交易市场，买方和卖方可能在堪萨斯、加利福尼亚或香港。正如《纽约时报》有一幅卡通反映的，"互联网上，没人知道你是人是狗"。

无时无刻不在愚弄所有人

如果买方不能很好地获得信息，我们至少可以意识到自己的无知——部分来自电子商务网站提供的服务（比如 yvnonne9903 用户提供的独特建议）。如果每个人都知道旧车销售员兜售"柠檬"，也就没有人愿意受他欺骗，对吧？

要真是如此就好了。

当然，我们知道你永远不会上当买次品，但是思考一下下面这个研究，来自波士顿大学的威廉·萨缪尔森（William Samuelson）和时任麻省理工学院斯隆商学院教授的麦克斯·贝瑟曼（Max Bazerman）。威廉·萨缪尔森是我们在第 2 章提到的保罗·萨缪尔森的儿子。这个研究暴露了人类无法完全领会柠檬问题。当然，也有好的启示。如果你理解了所学的知识，你在面对骗术高手时将会更具免疫力，在未来更有信心。

在贝瑟曼和萨缪尔森的实验中，他们让波士顿大学商学院的123 名 MBA 学生置身于一个情境中。[11]

你代表一家大型石油生产商——比如英国石油公司（BP），正在考虑购买一家小型钻探公司阿拉斯加石油（Alaskoil）。这家小型钻探公司最近在阿拉斯加北坡油田获得了一块很有潜力的土地的开采权。收购的价值完全取决于这块土地到底蕴含了多少石油，而这一点目前无人知晓。最坏的情况，这是块贫瘠的土地，一文不值；最好的情况，这块土地在油井的生产期内，为阿拉斯加石油带来 10亿美元的利润。它到底是个富矿还是个废坑，这是个未知数。这个油井的价值也许是 0，也许是 10 亿美元，也许介于两者之间。

BP 具有非常专业的石油开采技术，因此这个新油井的价值对于BP 来说比对阿拉斯加石油高 50%，这一点没有人会反对。在最坏的情形下，这块土地对双方都毫无价值。而如果这个油井对阿拉斯加石油公司价值 10 亿美元，那么对 BP 来说就价值 15 亿美元。如果收益介于两者之间，比如阿拉斯加石油公司获得了 5 亿美元，那么 BP将获益 7.5 亿美元。

无论从哪方面看，阿拉斯加石油都应该乐于接受这一笔交易，只要价格有利可图。在阿拉斯加石油估算出这块位于北坡油田的土地的石油储量水平之前，你就必须面临这个不容讨价还价的交易。但是这其中暗含着一个圈套：阿拉斯加石油的领导层会先调查油井，他们在对油井的收益有清楚的认识之前，是不会回应你的出价的。

这样一来，作为 BP 的代表，在你提交报价之前，对阿拉斯加石油的这个油田的价值一无所知，而阿拉斯加石油的领导层在决定是否接受你的报价之前却已经知道油田的价值。这是个经典的案例，也就是交易时，卖方比买方掌握了更多的信息。

此时你该出价多少呢？要弄明白这一点，你需要思考这块土地的"期望价值"是多少，也就是说如果交易成功，平均价值将会是多少？波士顿大学商学院的 MBA 学生大都选择 5 亿到 7.5 亿美元之间的金额，毕竟阿拉斯加石油公司平均价值为 5 亿美元（前面提到它的价值在 0 ~ 10 亿美元之间），如果这块土地对 BP 来说价值高出 50%，也就意味着平均价值为 7.5 亿美元。因此，如果你出价在 5 亿美元到 7.5 亿美元之间，BP 就有很大的可能使阿拉斯加石油公司接受交易，并且获得利润。是这样吗？至少听起来非常合理。

但是，不要着急。真相是不论出价多少，BP 都可能会遭受损失。

逻辑是这样的。思考一下，比如出价 6 亿美元。如果阿拉斯加石油公司调查完这块土地，发现它蕴藏了大量石油（超过 6 亿美元），它将选择不出售（这跟好车退出旧车市场是一样的道理）。如果阿拉斯加石油公司接受了 6 亿美元的交易，那么这块土地对阿拉斯加石油公司而言，最大的价值就是 6 亿美元。因此需要收回的"期望价值"——平均来说的价值——就是 3 亿美元。即使这个油田能够给 BP 带来的收益比阿拉斯加石油公司多 50%，BP 也将为仅值 4.5 亿美元的油田花费 6 亿美元。

你可以顺着这个逻辑不断分解。当你降低报价以便降低潜在的损失时，就会陷入一个不断恶化的潜在购买集合，你能确定自己足够幸运成功中标吗？（想一想如果你只出价 1 美元，那么只有当阿拉斯加石油公司发现这口油井毫无价值的时候，它才会接受你的报价。）

由此我们可以理解，石油公司面对的市场是如何走向崩溃的。阿克洛夫假定信息问题给市场造成了损害，这一点是正确的，但是在消费者对信息问题的理解上，他的预测还是过于乐观了。如果说领会了阿克洛夫的柠檬模型，我们就能理解市场为何以及如何崩溃，那么贝瑟曼和萨缪尔森的实验强调的则是普通的市场参与者认识到这一问题何其困难。

消费者的幼稚无知也有其正面意义。如今，易贝上的卖家评分能够发挥一定的作用，将高质量的卖家与低质量的卖家区别开来，并且卖家也可以通过贝宝（Paypal）在寄出货物之前就收款，避免了顾客耍赖。正如皮埃尔·奥米迪亚和杰夫·斯科尔所预想的，易贝的交易必须具备相当大的信心，因为交易中的逆向选择很容易在早期毁灭市场。

在乔尔·波多尔尼看来，易贝的建立者将易贝的成功视为人性善良的证明：买家和卖家不会为了各自的经济利益欺骗对方。但是，网站产生流量并顺利起步的关键，也许是消费者未能抓住逆向选择的含义。如果他们曾好好考虑过柠檬问题，也许就会在别的地方看到同样的古董和蒂芙尼。那么网站也就无法达到生存下去的必要规模：只有易贝上的商品足够多，买家才会在易贝上购买商品；也只有易贝拥有大量的买家，卖家才会在易贝上销售商品，即使这些商品有些是次品。实际上，那些意识到自己受到欺骗的消费者也在其中扮演了非常重要的作用，他们的反馈助推了卖家评价在早期校正柠檬商贩的问题。

柠檬模型，面对现实

波士顿大学 MBA 学生在实验中遇到的选择，以及上面提到的易贝买家遇到的决策都是低风险决策。以免你误将无法认清次品的情况局限于一些低风险的决策，下面请你再仔细思考一下其他情况。比如，给全美国人提供医疗保险。为了确保保险公司不歧视健康状况较差的人，美国大部分州在 20 世纪 90 年代制定了法律，要求保险公司给所有申请保险的人提供保险，并且不能根据投保人的健康状况来设定价格（虽然他们可以按照年龄来设定保险价格）。因此，举例来说，保险公司给一名患有尿毒症的 45 岁肥胖男性提供的保险选择可能跟同年龄的健康男性是一致的。但是，这就意味着，医疗计划往往因为肥胖的糖尿病患者而超负荷运转，比起体弱多病的人，身体健康的人群则有很多人根本不参加保险。这就迫使保险公司提高保费，以此弥补糖尿病患者或其他患病人士的治疗费用，于是保险计划就会陷入无可避免的"死亡螺旋"，最终只能导致更高的保费和病情更严重的参保人群。[12]

理解柠檬问题如何影响医疗市场，能够帮助我们解释为什么许多经济学家——无论他们的政治倾向如何——更喜欢某些医疗政策的变体，即强迫每个个体都参加保险，虽然这样做剥夺了个人的选择和自主，而这种个人选择和自主正是市场受人赞扬的属性。强迫健康人群成为保险市场上的买家，管制能够避免死亡螺旋导致的健康状况越来越差的病人和越来越高的成本。

这似乎有些违反直觉，但是石油公司所处的市场面临的是相同的逻辑：阿拉斯加石油的管理者如果能让 BP 相信，他们在了解油井实际储油量之前就决定是否接受并购，那么他们将赚得更多。显然，阿拉斯加石油这样做的时候也牺牲了它的信息优势。但是阿拉斯加石油也可能完全没有收到任何并购请求。如果他们在测量油井的实际储量之前就做下了决定，公司领导人可能最终会将油井以低于实际价值的价格售出，这就如同 BP 常常会花上好几千万，最后却从油井毫无所获。只要买家和卖家一样无知无识，并且都会始终参与交易，那么市场将运行良好。

$$\$\$\$\$\$$

在思考市场交易时，我们的怀疑从来不是天生就能恰到好处，即使是在为某种具有柠檬问题的产品设计市场的时候也同样如此，比如医疗保险市场。每个人都期望物超所值的购物体验，比如在旧货买卖中买到一幅未被发现的莫奈画作，又比如买到一条打折的蒂芙尼项链；并且我们非常愿意相信不可能的事会发生。但是，如果交易真的好到难以置信，最好思考一下为什么交易会发生。

为了给逆向选择带来的危险正本清源，我们曾花 90 分钟对阿克洛夫的柠檬问题做了一个讲座，最后雷还增加了一个现场实验：他拿出一个装满钱的钱包，说要将这个钱包出售给出价最高的竞价者。"谁愿意为这个钱包出 10 美元？"立马就有一半的人举起手来，这些学生都来自美国最顶尖的商学院，而他们却踊跃地想花 10 ~ 1000 美元买下钱包里的假钞。

回到销售柠檬，你确实能够在大部分时候愚弄很多人。

这就是为什么亚马逊、易贝或其他抑制假货的人极尽所能也没有办法扫除世界上所有的骗子。只要能够从老好人、糊涂虫那里赚钱，就会有人从蠢人那里获得金钱。如果有人在明天早上发明了一种能够终结信息不对称的技术，就会有人在明天下午找到办法制造更多的信息不对称。

The Power of Signals in a World of Cheap Talk

Face Tattoos and Other Signs of Hidden Qualities

信号的作用

文身和信号，透露隐藏的品质

1977 年，15 岁的罗伯特·托雷斯（Robert Torres）带着左手新刺的"SF"字母文身回到家中，他的母亲弗朗西丝·埃尔南德斯（Frances Hernandez）惊恐万分，问他究竟为什么要在自己身上留下"携带一生的印记"。这两个字母将永远将小罗伯特和 San Fers 联系在一起，San Fers 是 20 世纪 70 年代末圣费尔南多谷的一个拉美帮派，这个帮派不断挑起地盘之争，使当地形势日益恶化。[1]

20 年后，托雷斯因为毒品和盗窃被定罪，又因为违反假释规定入狱一年。他刑满释放之时早就和帮会老伙计断了来往。他告诉母亲，他准备从今往后好好过日子。托雷斯不想再进监狱，因为监狱里的犯人看到他手上的文身之后都自动将他认作帮会的成员，并且强迫他刺上"Fan Fer"，以此考验他对帮会的忠心，这一次文身是在他的脖子上。在他获释后的第二个傍晚，他去找他的前妻和 5 个孩子，想寻回天伦之乐。

但是，托雷斯的愿望永远也不可能实现了。目击者称，托雷斯去一家酒吧买香烟，出门后就被人用枪爆了头。这起谋杀据称是 Shakin' Cat Midgets 帮派的一名成员蓄意报复。这个帮派在托雷斯第一次文身的时候还不存在，如今却将自己看成 Fan Fer 的死敌。托雷斯的死于是被认定是一次复仇，起因是几周前发生的一起开车扫射，而当时托雷斯还在坐牢。据洛杉矶警察局警探鲍勃·陶森（Bob Tauson）所言，托雷斯"不过是站在路边，没有妨碍任何人。我猜他们认出了托雷斯的文身"。

我们很容易将托雷斯的帮派文身归咎于他的年少轻狂和反叛，并因此总结这个文身给他招致杀身之祸。正如一位警察所说："很遗憾，这个家伙在他还是个孩子的时候，做了一个糟糕的决定。"托雷斯因为自己的 San Fers 文身付出了巨大的代价，而且不仅仅毁掉了他最后一次想改邪归正的努力。就在前几年，托雷斯不停地努力，想找一份合法的工作，但是他手上的 SF 字母文身无疑吓退了许多雇主。

人生的重要时刻都蕴含着某种目的性和复杂性，粗暴的评价只会带来伤害。在托雷斯想扭转人生的时刻，他的文身显然带来了毁灭性的结果。但是，有些人会说，这个文身的作用就在于此，用一种可信且可见的方式将托雷斯与黑帮生活绑在一起，至少忠诚度不够的人是不会选择在自己身上刺上这两个字母的。

如果说，阿克洛夫的柠檬模型阐明了信息差距如何使市场消失，迈克尔·斯宾塞（Michael Spence）的信号传递模型——以阿克洛夫的模型为基础——则解释了买家和卖家拯救市场的一种方式。因此，如今我们能够更好地解释为什么 San Fers 和其他帮派长期以来要在新成员身上做标记，为什么高盛和麦肯锡总爱雇用哈佛大学哲学专业的毕业生以及为什么追求利润的公司要"烧钱"做慈善。

廉价磋商

跟托雷斯的文身一样，还有一些其他的承诺印记，比如凌晨两点的俱乐部音乐中唱的"我爱你"，或一封来自尼日利亚"王子"的邮件中写的"相信我"。

这些保证想传递的是什么？表示亲近、忠诚，还是尊敬？对于经济学家（也可能对你）来说，它们什么也不是。它们只是廉价磋商。经济学家不是唯一持这一看法的人。语言中能够传递"廉价磋商"的表述方式不在少数，比如"让我赚大钱""行动胜于言辞""说大话容易，做起来却难"。西班牙语里有 hablar es fácil（说大话很容易），里根总统曾引用俄语中表达类似含义的句子 doveryai no proveryai（信任，同时要验证），以此表明他在冷战中对苏联领导的态度。据我们所知，这些都不是经济学家首创的。[2]

即使廉价磋商的价值很模糊，它却无处不在。有些人可能会说，大多数广告都是廉价磋商。在线商务中不乏这样的例子，比如在易贝上售卖蒂芙尼珠宝或其他物品（棒球卡、古董）的商家往往会在商品描述中声称"正品"和"纯正"，而这些描述的真实性往往令人担忧（呼叫 yvonne9903！）。

如果在商业和爱情中总是会受到对方的怀疑，人们又何必宣称诚实、爱或者真实呢？因为这样的承诺虽然没有什么正面意义，成本却很低，几乎为零，既然如此，为何不一试？也许就有那么一个傻蛋会相信你呢？只是说几句话而已，完全不必付出其他，但是如果有听众相信他们（谁知道呢，也许真的有），回报将会很丰厚。我们不是要评说易贝上的某些商家是不是诚信（虽然上面提到的蒂芙尼审查显然说明许多都不诚信），简单来说，针对同样的商品，欺诈高手和诚信的商家都可以随便吆喝，这样的成本微乎其微。对于忠实的蒂芙尼顾客和搜索蒂芙尼珠宝的顾客来说，他们面临的挑战就是证明这些商家的吆喝不都是空话连篇。

学术界的一些人终于开始严肃看待乔治·阿克洛夫的"柠檬市场"的时候，迈克尔·斯宾塞才刚刚开始在哈佛大学经济学系攻读博士学位。1972 年他做论文答辩时，已经找到了廉价磋商问题的一种答案，而这一答案也许无意间也解释了为什么罗伯特·托雷斯因脖颈上 San Fer 文身丧命（虽然我们肯定斯宾塞这位正统迷糊且有贵族气派的罗德斯学者从未思考过手部或颈部文身）。

斯宾塞对那些和标准模型的预测结果相反的现象很感兴趣。为什么？比如有潜力的雇员参加公司招聘活动是浪费时间吗？当然不是，因为他们在公司招聘活动中对麦肯锡或微软有了更深入的了解。而且如果有迹象表明大学里的学生拥有的专业知识不能在工作中增加生产力，他们为什么还要从这些大学中招募员工呢？

就在斯宾塞思考这些问题的时候，他的一位导师给了他一份"柠檬市场"的论文，建议他看一眼。斯宾塞后来描述这篇论文为"令人激动"。他对阿克洛夫留下了深刻的印象，倒不是因为市场参与者有着别人不知道的信息这一点令人新奇，这一点在他和他的导师每周的读书会上曾有讨论。2001 年斯宾塞在获得诺贝尔经济学奖后的发言中，表示阿克洛夫所做的远远不只是解释了次品的存在，更是阐述和分析了市场运行与同样重要的市场失败，以及这两者的结果。[3]

正如后面我们会提到斯宾塞的发现，柠檬市场的论文中还缺少一种要素，那就是市场中的参与者（不论是买方还是卖方）为了避免市场崩溃，会做出的反应。当然，斯宾塞观察到的现实市场大都能保持运行。这也正是为什么当初学术界的评论人士认为柠檬市场的论文无关紧要：旧车市场到处都是，而且运行良好，没有像阿克洛夫的论文所说的那样崩溃。于是斯宾塞退后一步，思考如果你处在一个会崩溃的市场中会怎样行动——不论是旧车市场、劳动力市场还是汽车修理市场，你会做点什么去阻止市场崩溃呢？

从斯宾塞的复述来看，这样想问题很容易就能在理论上得出避免市场崩溃的解决办法，而这个解决办法与现实市场的运行方式也似乎是契合的。在这个过程中，斯宾塞的研究使经济学家弄清楚了现实中的许多特殊市场规则，尤其是劳动力市场，而这正是斯宾塞关注的市场。

斯宾塞获得诺贝尔经济学奖的论文关注的是优秀工人如何展示自己的聪明和可靠，而接下来的几十年中，经济学家用相同的理论去理解市场中的卖家如何突破廉价磋商，证明自己销售的是优质产品而不是劣质产品。

在斯宾塞的经典模型中，雇用一个工人和转动轮盘赌差不多：全凭运气，你可能会雇用一个认真负责、高产的工人，也可能会雇用一个不称职、偷懒的工人。我们往往很难分辨不称职和蓄意妨碍，并且在一定程度上，雇主不在意这两者的区别，因为两者都是怠工。[4]

雇主可以使用也确实使用了很多步骤，来减少雇用决策的赌博性。他们会考虑应聘者是高是矮、是白人还是黑人、是男性还是女性。基于以前的经验和印象，招聘方就应聘者的工作表现做出一些正面或负面的判断。这样的做法有可能是违法的、不道德甚至不正确的。用这样的方式评判别人是基于他天生所具备的那一类特征，这类特征并不是人所能控制的。

雇主也要选择一些方式表现自己是一个前途无量的雇主：高或矮、白人或黑人、男性或女性、是穿西装还是牛仔裤、是清清爽爽还是邋里邋遢，或者像托里斯那样，有没有文身。在个人简历里，求职者还可以选择要不要写上 GPA 成绩、要不要提及自己毕业于常春藤联盟学校，或者避免提及任何教育信息。

你可能会觉得很多选择都不是真正的选择：比如是哈佛选择了你，而不是反过来。许多人不懂一流的高级微积分，因此大多数主修数学的人可能都达不到 4.0 的 GPA。

这种看法从某种程度来看是正确的。但是你可以这样思考：在简历中丰富自己的资质学历等，或者在面试中优秀地表现自己，这样做产生的成本对于某些学生来说要高于其他学生。某种意义上来说，念哈佛并顺利毕业的"成本"对许多人来说是无法衡量的——它并不在可能的范围之内。对一个数学天才或音乐奇才来说，进入哈佛，完成哈佛的课程未必有多难。相对来说，对一个有进取心、认真负责、颇有前途的年轻人而言，拼凑一份足以进入哈佛大学的大学申请可能也不是很难。

在斯宾塞的模型中，相对而言更容易获得哈佛学位的因素，比如数学天才、动力和勤奋，也是高产雇员的特征。如果是这样，那么公司就会尽力去雇用哈佛大学数学专业的学生，即使这些学生完全没有任何实践知识，也没有在哈佛大学学到任何数学知识。

为什么会这样？因为获得哈佛大学的数学学位就相当于告诉了企业"我很聪明"，并且这种方法非常可信。和仅仅向招聘方说"我很聪明"相比，哈佛大学数学学位更难模仿，有些应聘者也不愿意去做，因为对于那些缺乏高度分析技巧的人而言，成本（以工作时间和心理压力的方式）太高了。

究其本质，斯宾塞的信号模型依据的是，高产（效益）、诚实和优秀这一类称心但隐藏在背后的品质与做某事的成本的联系。做某事可以是做任何事，只要每个人都知道行事时既不用花什么钱，又合乎道德。如果说，要成为一名杰出的电脑程序员需要的技能是倒立，那么互联网公司最终决定聘用哪一位应聘者就会取决于他是否能在面试时做一个倒立，也只有会做倒立的程序员才能够得到聘任。我们还听说，斯坦福大学商学院的经济学家约翰·罗伯茨（John Roberts）曾给学生出过一个练习，就是建立能够倒立的人获得职位的模型。也正因为如此，你不应该在脸上或其他可见的部位文身，除非你真的很确定，文身对你有益。

因此，在医疗市场、二手车市场这一类市场中，因为存在一方获得的信息比另一方多的情形，"樱桃"（佳品）就会受到驱使，想方设法显示自己是优质的、可信赖的，要不然就要找到一种方法，提高"柠檬"（次品）的模仿成本。

万事万物都在发出信号

经济学家已经将信号机制应用于非常广泛的情形之中，许多情形都是斯宾塞未曾设想的，有人说这个范围实在过于广泛。实际上，有超过 10,000 篇论文引用过斯宾塞有关信号的论文，但是其中只有很少一部分是关于劳动力市场的。

许多应用完全是反常的。我们很容易理解常春藤联盟学校的学位是一个非常有效的信号，也很容易理解为什么你会想要取得这样的学位。但是对于罗伯特·托雷斯和他的 San Fer 帮派文身而言，人们却不太会联想到它们之间的关系。然而，就跟哈佛大学的学位是一种信号一样，文身也是一种信号。而大部分人都未曾这样思考过，因为我们过度关注于这种暗淡甚至要挨枪子的人生所承担的巨大成本。

托雷斯的文身以及臭名昭著的 MS-13 的帮派成员的过激行为——在脸上文身，意义就在于此：对本书大部分读者来说，在身体上留下帮派印记付出的成本要比加入帮派本身更大。最起码，尚未加入帮派的人要考虑文身对于未来获得合法雇佣的影响，他在文明社会中会受到怎样的对待，以及要去除掉胸口上的"去他妈的 LAPD"文身需要承受的巨大身体疼痛。因为在帮派之外，这样的文身只会让生活变得艰难，对外人或警察和线人而言，他们罪有应得。

加州大学圣迭戈分校的经济学家艾里·伯尔曼（Eli Berman）用同样的推理过程论证说，信号理论可以用来解释为什么由极端正统主义的犹太教徒和穆斯林运作的宗教学校教育质量都很糟糕。这种教育让孩子在他们的社区之外很难有所发展，而在他们的社区中却能得到广泛的社会保障。[5]

很多自毁行为也可以用这种理论来解释：刚进监狱的人会做出头撞墙、刀刺腿的疯狂行径。但他们正是用这种方式与狱友进行交流，他想传递的是他不惧怕在冲突中流血。监狱中的新人意图用"强硬的行动"或"强硬的言辞"在监狱等级中巩固自己的地位。我们可以说，拿自己的头撞墙的人才是更理性的，至少他可靠地传递了信息。

新狱友也许非常愚蠢，就像帮派文身不会被视为短视的信号。只有能够预见几个月后的未来，人们才会考虑成本。青少年从来不擅长眼光长远，尤其是在毒品和帮派盛行的社区长大的青少年。无论如何，没人会去惹疯狂的人。不管是出于短视还是有意为之，文身是一种不能背叛的承诺，携带文身的人在帮派之外很难生存。如果要脱离帮派，就要付出沉重的代价，就像罗伯特·托雷斯。

为什么帮派的行为尤其极端？杰出的意大利社会学家狄亚哥·甘贝塔（Diego Gambetta）在《解码黑社会》（*Codes of the Underworld*）一书的开篇中指出，要成为一个成功的犯罪组织，需要面对巨大的信息挑战。然而，在需要可靠的信号这件事上，网购者并不比有抱负的犯罪天才更有优势。假设你想抢劫一家银行，想找个人做内应，你要怎样确定哪个银行柜员是个可信的合作伙伴、哪个银行柜员会联系警察？或者假设你想出手一些浓缩铀，你又如何知道浓缩铀的买家不是国际刑警呢？甘贝塔写道："有鉴于此，人们惊叹于犯罪分子竟然能够鼎力协作。"甘贝塔揭示的黑社会密码是一种微妙的方式，比如日本的"极道"（yakuza），断指是获得帮派宽恕的礼节，那些坏家伙用这种方式切实地传递自己的意图，往往能够巧妙地避开外人，而且代价总是很高，这样他们的意图和忠诚看上去就会很可靠。[6]

混合型信号

当我们埋首于市场信号之中，线上线下的卖家面临的挑战就是确保信号确切可信，买方则要识别和评估这些信号。

在最基本的经济学理论中，卖家保证退款传递了某种高质量的承诺，毕竟如果卖家销售的是次品，他就不会这样保证，因为次品退货退款的频率将非常高。优质品的卖家会提供无条件退货政策，因为他们知道不满意的顾客相对较少。

然而，以无风险退款闻名的是深夜电视购物节目。消费者建议网站 Adfibs.com 有一个专门的网页讲退款欺诈，描述了当你要求退款时可能会遭遇的诡计。比如，你打电话给客户服务，就会得到一个独立的电话号码，用来查询退款。而这个号码是个录音，又给了你另一个号码，也就是你最初下订单的号码。这时销售人员会建议你拨打客户服务，于是就陷入了循环。或者你可以联系商业改进局（Better Business Bureau）。但是为了 44.99 美元的退款（还要扣掉 24.99 美元的手续费），真的值得这么麻烦吗？

这都是基于一种假设，也就是当你想退款的时候，这家公司还存在。轻易许诺未来的公司往往最容易倒闭。

因此，就其本身而言，"无风险退款保证"就是廉价磋商的最佳案例。它发出的信号可能与它表面上要表达的恰恰相反。

只有在有迹象表明卖方有长远打算时，退款保证才有意义。诺德斯特姆公司（Nordstrom）的退款保证比深夜电视中的脱发治疗广告更有效力。[7] 诺德斯特姆公司的无条件退款政策实施已有几十年，甚至已经成为公司保证客户满意度的陈词滥调。有一个故事常常被提起，诺德斯特姆公司给一位顾客购买的轮胎退款，但实际上诺德斯特姆公司从来就不出售汽车产品，这个故事有时候发生在费尔班克斯，有时候发生在阿拉斯加，还有时候是在西雅图，而涉及的轮胎有时候是雪地防滑轮胎，有时候是普通轮胎。但是这个故事经久不衰（核查都市传说的网站 Snopes.com，这个故事被称为"世上最传奇的客户关系故事"），于是人们增强了信任感，认为诺德斯特姆的无条件退款确如其声明的那样可靠。[8]

对于一个能够慢慢培养顾客信任的公司来说，这种做法固然不错。但是新成立的公司如果想让顾客相信他们的产品，并且不只是想赚一笔快钱，该如何做呢？要使公司发出的信号表现出长期的承诺，就要将公司的存款转换成硬通货，推到街上点燃它。只有不断重复业务的公司才会有顾客愿意为这些先期的"烧钱"行为付款。

当然我们看不到真的有公司点火烧现金，但是正如经济学家所说，公司打广告其实是一样的道理，这种方式比烧钱更可信、更公开。经济学家保罗·米尔格罗姆（Paul Milgrom）和约翰·罗伯茨在经典论文"产品质量的价格和广告信号"（Price and Advertising Signals）中将广告比作烧钱，他们在文章中表述了1983年健怡可乐推出时的广告："巨大的音乐厅中坐满了人，长长的歌舞队跳着踢腿舞，还有无数吸引摄像机镜头的名流（出场费显然很贵），却只有一条简单的信息说这样的聚集是因为健怡可乐。"[9] 另一个例子是1984年福特皮卡车的广告："从飞机上扔下汽车（一般会伴有许多跳伞者），或从悬崖上把车开下去。"他们对此更是表示这都是毫无意义的毁坏行为。在这两个广告的例子中，广告都是一种故意的无意义的浪费，也就是烧钱。

米尔格罗姆和罗伯茨证实了这些产品发布广告都是烧钱行为。"这些广告除了传达产品的存在性，毫无信息。但是如果要传达的仅仅是这样的信息，那么用广告这样的方式就是极其昂贵的。实际上，这样的广告传达的最清晰的信息不过是'我们在广告宣传上花了巨资'。"也只有这样奢华的毁灭行为才使得传递信息的方式不容易被模仿。

竞争性信号也会带来麻烦，甚至给企业带来毁灭性结果。这有助于解释为什么有19家新创业企业花了数百万美元购买2000年的超级碗广告时间；也解释了为什么这19家创业企业中，有8家（包括著名的 Pets.com，它有着布袋布偶吉祥物）已经不复存在。讽刺的是，这些花了大钱的企业努力传达信号，表明自己有钱有能力在赢者通吃的互联网经济中生存，最终它们都破产了。[10] 你可能会认为这种失败率会使人放弃类似的尝试，但是潮流轮转，2015 年的超级碗，包括 Wix.com（帮助用户建立网站的公司）和乐泰胶水（Loctite）在内的创业企业花费了 450 万美元，只为 30 秒的广告时段。[11]

　　另一个问题是这些广告能否产生预期的效果，让市场中的某些人去购买新的汽车和新的饮料。米尔格罗姆和罗伯茨给出了一个逻辑清晰的模型，用来描述企业的信号质量和高度理性却不完全知情的消费者之间的相互作用。要将它运用于现实，我们需要更进一步：顾客的行为必须足够理性，虽然他们常常受不完备的信息和有偏向的判断所阻碍。

　　总而言之，描述信号模型容易，实践信号模型难：卖方要具备聪明才智发现无可辩驳的承诺（"退款保证"不算），顾客要有头脑能够理解承诺信息，比如汽车从悬崖开下去这样的广告，顾客能够理解福特汽车想传递的信息。

传递诚实正直的信号

　　你更愿意从谁的手里买一辆二手车？色情书书店老板还是教堂牧师？这不是个棘手的问题。显然是选择抛弃尘世财富侍奉神的人，而不是选择一个从道德上受到诸多质疑的职业中牟利的人。一个敬畏神祇的二手车卖主不会想从他人身上牟利，而色情书书店老板，从他人身上牟利不过是家常便饭。

　　将毕生奉献给祈祷、贫穷，并时刻关心他人，这些都是传递诚实正直的信号。这也解释了为什么你会毫无疑义地乐于从特蕾莎修女那买二手车——如果她还活着的话。而对一个不诚实的销售人员来说，根本不值得在生活中保持虔诚来传达诚实正直的信号。然而这扰乱了信号传递测试。宗教虔诚对于诚实的销售人员来说，同样昂贵。不仅如此，在很多情况下，顾客也很难领会这样的信号。你怎样用一种难以模仿的方式展示这种信仰呢？在脖子上挂一串念珠或在桌上摆一本《圣经》都无济于事。如果信号只不过是声称笃信宗教，那我们就回到了廉价磋商，这就如同一个二手车销售员向你保证，你看中的二手车原来的车主是个老妇人，每周只有周末去教堂的时候才开一会儿车。

　　我们需要做的是削弱信号的力量，将它转换为一种不易误传的方式。与其在教堂浪费时间，不如烧钱支持宗教或其他社会事务。这样做甚至效果更佳。当你能够捐赠一部分企业利润给教堂或其他慈善项目，为何要模糊慈善行为和商业利益的联系呢？

　　许许多多的企业家公开宣传他们的慈善事业，而这些慈善项目往往与他们的产品销售毫无关联。比如被称为"吸血乌贼"（因在金融危机中敲诈投资者而得名）的高盛集团资助了一个帮助非洲贫穷女性成为企业家的项目，塔吉特（Target）为学校建造图书馆，通用电气（GE）则资助社区卫生中心。这些资助都不是小数目，每个公司都在为一个更美好的世界付出上亿美元，而为了告诉我们这一点，它们的花费甚至更多。[12]

　　这些企业之所以表现得像社会改良家（并且希望所有人都知晓）有许多原因。自由市场经济学（如果有这种经济学的话）的斗士米尔顿·弗里德曼（Milton Friedman）认为，这根本就是企业执行官在他们喜爱的慈善上挥霍股东的钱。在这一观点中，公司慈善不过是公司管理不善的信号。弗里德曼还表示，当顾客从与他们一样关心环境或消除贫困的公司购买商品，可能也会获得一些额外的满足（不过也因此付了更多的钱）。这种"温情效应"表明，如果顾客（或雇员）对某些社会项目很关注，公司也会表现出关心。

　　正如我们观察到的，建一个适合所有事物的信号模型很容易，它可以适用于谷歌面试中的倒立，以及上述例子中公司资助红十字会和其他慈善事业。那么我们能不能分清哪些模型描述的是现实中发生的情况？公司是不是在利用慈善向消费者传递信号说它们不会压迫消费者？如果真是如此，消费者能够从公司的慈善行为理解它们的用意吗？

　　作者之一雷和同事丹尼尔·埃尔芬拜因（Daniel Elfenbein）、布莱恩·麦克马纳斯（Brian McManus）与易贝合作研究，旨在弄清卖方将一部分销售收入用于慈善，背后到底有怎样的动机。研究中，卖方先要选出要捐赠的组织，然后决定捐赠的比例，从 10% 到 100%，以 10% 为增量。易贝确保捐赠切实发生，因此卖方能够保证一定遵守承诺。也就是说，研究中不存在廉价磋商。

　　易贝作为一个研究平台，吸引人之处在于平台上的卖方在不断尝试新的商业机会，并找出哪些可行、哪些不可行。对于捐赠来说，他们也是如此。研究项目开始于 2003 年，在接下来的几年里，卖方可以做数百万次的迷你实验，去弄清楚买家对搭售的慈善捐赠有何反应。尤其是他们汇总了几乎相同的商品名单，商品的价格也相同，只有是否参与捐赠这个条件不同。在其他条件相同的情况下，按照商品名单，一组一组地比较做慈善和没有做慈善的结果，我们就能弄明白做慈善捐赠是因为能够带来利益，还是如斯宾塞所言是一种信号。

至少，做好事会带来一些益处。在广告里宣称将 10% 的收益捐赠给慈善项目的商品，销售出去的可能性比不进行慈善捐赠的同种商品高 20%，价格还能高出 2%。如果某个商品将 100% 的收益都捐赠出去——这显然不是一个可持续的商业战略，但我们姑且这样假设，那么这样的商品卖出去的可能性就会高出 50%，而且定价可以高出 6%。

但是，不是所有的卖方都会受益。没有经验的卖方虽然不像牢靠的卖方那样有反馈或记录可循，却能够从慈善中获得更多收益——销售可能性保障三分之一，成交价也提高 4%；经营时间较长且无瑕疵的卖方，则完全无法从慈善中获益。

这些事实是如何与公司做慈善的各种理论解释契合的？弗里德曼认为做慈善是浪费钱，推论的结果就是没有卖方能够从中获益。慈善也许会让卖方感到快乐，但是顾客何必在意？在"温情效应"的假设之下，所有的卖方都能从慈善捐赠中获益，然而声誉良好的大型企业却不见得能获益。因此，这两种理论都与我们在易贝交易中观察到的不一致。与研究数据最为契合的理论观点是，慈善是一种信号：对于童叟无欺的卖方来说，做慈善确实是浪费钱；但是把慈善当作一种信号，对于新卖方而言却比有经验的卖方更有用，有经验的卖方在销售中取得的正面反馈已经是一个可靠的信号。

如果年轻的卖方通过跟踪慈善对各类商品的贡献，能够提高价格和销售额，为什么其他人——不论诚实还是不诚实的人——不能做同样的事情呢？这个问题又回到最基本的信号原则：糟糕的卖家不会去模仿信号，因为成本太高。这一原则也可以用数字来说明：收益——以清理库存和提高价格的形式——并不足以收回 10% 的付出（或其他程度的付出）。更低的售价，但是收入全部归自己所有，这样做能够让唯利是图的商人更富有，关心他人的商人则愿意减少自己的收入，造福世界。[13]

事实也证明，买方对于慈善作为一种可信的信号是完全理性的，即使他们并非有意识地这样思考。易贝上的买方会观察各自的公开反馈评价，这些反馈往往令人无所适用。你在其他网上平台同样能够看到这一点，比如亚马逊，有人因为快递给图书评一星，而不关注图书本身的质量。而在易贝上，很多不满意的顾客从来都不会给出反馈。衡量卖方是否可信的另一个标准是买方的抱怨，诸如快递太慢、包装马虎和商品与描述不符等。如果双方没有妥善解决异议，易贝就会提出一个解决争议的方案。易贝上有 1% 的交易都是以这种方式结束的，但是卖方宣传自己的商品与慈善相连之后，发生争议交易的概率下降了一半。[14]

每个市场都会失灵，其中一些比另一些更严重

我们能从易贝实验中获得什么？如果是关于公司慈善活动的价值，我们也许只能获得很有限的信息，如果是关于阿克洛夫和斯宾塞提出的有助于我们理解市场的模型所具备的价值，这个实验就具有深远的意义。易贝卖家和买家之间牵涉的信号传递博弈相当复杂而微妙，不过实验表明，这种博弈与斯宾塞在半个多世纪前发表的那篇举世瞩目的论文中描述的情形毫无二致。正是由于斯宾塞，我们如今明白了市场是不完美的，也理解了为应对市场不完美而提出的创意解决方案具备的优点。面部文身和超级碗上那些烧钱的广告，此刻也就说得过去了。

还有一条意义深远的经验：市场失灵，市场模型也会失灵。阿克洛夫和斯宾塞解决了前人没有解决的问题，但是即使有柠檬理论和信号理论，经济学家仍然面临着许多未解决的难题。比如激发阿克洛夫持续研究至今日的衰退问题，就是经济学家需要面对的经久不衰且最基本的难题。如今我们对这个问题的了解也许比 20 世纪 60 年代更加深入，不过阿克洛夫可能是有史以来第一个承认我们还有很长的路要走的人，他认为经济学应用理论之上的那些"玩具模型"，没有一个能够缩小理论与现实难题之间的鸿沟。当然，这种失败不会使开拓性模型以及由此产生的经济学应用理论显得逊色。

同样，不论是阿克洛夫还是斯宾塞，都不想抛弃萨缪尔森、阿

罗建立的完美市场模型。这样做很有道理，如今的经济学博士在专业训练初期都会紧锣密鼓地学习阿罗和德布鲁的一般均衡模型。毕竟抽象且完整的经济由市场构成，这些市场相互联系，错综复杂，而始于一般均衡模型的学习，有助于对这些联系形成一种较好的直觉。除了数学与现实的差距，在阿罗和萨缪尔森的理论中简化了的市场，已经足够你理解简单市场了。

甚至约瑟夫·斯蒂格利茨，这位新古典经济模型的尖锐批评者，也承认一旦背离标准模型中完全信息和理性行为的假设，潘多拉魔盒将就此打开。斯蒂格利茨在 2001 年和斯宾塞、阿克洛夫一同获得了诺贝尔经济学奖，他在获奖演说中说道，只有一种方法能得到完全信息，但是有无数种方法造成信息不完全。

换句话说，把市场构想成一个所有人都完全了解价格、质量和所有信息的地方是一件很容易的事情。但是，一旦我们认识到信息的不完全，或者信息不一致，就要详细说明谁知道什么以及什么时候知道的。而且，这还不是解释的终点。再次思考一下柠檬问题，阿克洛夫的模型假设卖方具有买方不知道的信息，更进一步则是买方知道他们不具备某些信息。我们已经知道事情并不如此：卖次品的商贩总是愚弄买方。如果情况不是这样，那就不需要 yvonne9903 这号人物指导人们如何购买正品蒂芙尼珠宝了。如果买方没有意识到自己不知道某些信息，那么就需要知道卖方有多信任买方：他们将自己的顾客想得有多无知？他们的定价是根据顾客的无知来设定的吗？像这样，"他以为她以为的他以为……"这种假定将无穷无尽。[15]

不同的市场对于这个问题的答案也不同：美洲银行（Bank of America）在签订贷款合同时面临的市场失灵，迥异于安泰保险（Aetna）设计医疗保险产品时面临的市场失灵。如果你想了解银行市场或保险市场，最好分别建立模型。

经济学说的主要原则之一是天下没有免费的午餐。受阿克洛夫、斯宾塞、斯蒂格利茨和其他一些人的影响，经济模型发生了一些转变，蕴含在其中的就是这一条原则。毋庸置疑，当经济学越来越多地引入复杂的市场现实情况，也就丢失了一些东西：它不再是一门致力于优美理论的学科，而是更多地依靠猜测和修补，基于一系列经济思想的引导（有时候甚至是不精确地引导）。

经济学还是一门纯粹的数学化学科的时候，它的实践范围被安全地限制在学术界，经济学家根本不会惹上这样的麻烦，也没有机会惹麻烦。信息经济学先驱为经济学开拓了新的道路，更好地描述了市场的属性，于是就有了如今这一代经济学家拓宽视野，涉足市场设计和政策设计。

许许多多的应用型理论学家和实证经济学家共同努力，使理论符合可获得的数据，以此评价理论的实践效果。我们希望通过理论、理论的实践检验以及理论的再构建，这样一个迭代的过程（我们正处于这样一个实验过程中），能够不断提升经济学家对世界的影响，并且最终能够推动世界变得更美好。

Building an Auction for Everything

The Tale of the Roller-Skating Economist

适用于
所有场合的拍卖

这位经济学家滑轮滑上班

2006 年秋天，日本棒球巨星松坂大辅宣布他有意转战美国大联盟（MLB）。很多球队都希望引入松坂大辅，他作为投手，在日本联盟中获得了 17 次金手套奖。美国大联盟最有钱的球队纽约洋基队向他抛出了橄榄枝。另一支资金充足的球队波士顿红袜队也正缺一个投手，正极度渴望签下一位右利手投手。除此之外，还有十几个在投手上有需求的球队正持币观望。

但是这其中有一个问题，松坂和西武狮队还有两年的合约。在其他球队还没有机会和松坂的经纪人交涉之前，波士顿红袜队就需要付给西武狮队一笔钱，帮他解除合同。

这是 20 世纪 90 年代创立的入札制度（posting system）下的必然结果。在这一制度下，日本球员如果想转战美国，必须将自己的意愿告知所在的球队。[1] 对这名球员感兴趣的美国大联盟球队都有一次机会提出最佳条件，也就是所谓的密封式拍卖（sealed-bid auction），出价最高的人赢得和球员交涉的机会。如果这场交涉在 30 天内未能达成协议，这名球员就要回归他所在的日本球队，也就不会有金钱往来。如果交易达成，获胜的竞价人除了要付给球员约定的薪酬，还要付一笔竞标金给日本球队。

　　当时有传言说，红袜队决心打败扬基队和其他 6 支队伍，结束报价。但是即使真的想赢，也没有人会愿意付出大大超出合理范围的代价。美国大联盟的一位知情人士告诉我们说："给球员开过高的薪酬是一种冒进。"于是，在入札制度这样的拍卖中，存在着某种对立：要么失败，要么支付太多。

　　红袜队的所有者约翰·亨利（John Henry）可能会参考以往日本球员的竞标情况。不过，如果要与松坂达成合约，所需的竞标金将是史无前例的，这一点已成共识。西雅图水手队花了 1,300 万美元竞标铃木一郎的合约，也是有史以来最高的竞标金，用亨利的话说："我们认为一些球队会努力击溃对手，我不知道那是不是意味着价格会达到 3,000 万、4,000 万，甚至 5,000 万美元。"[2]

　　就亨利的观察，只考虑红袜队自己对投手的强烈需求还不够，他们还必须考虑其他队伍对优秀投手的渴求。除此之外，他们还需要思考为了弥补自己在投手上的漏洞愿意为这个新合约花多少钱。竞价对手如果是预算充足的洛杉矶道奇队或纽约洋基队（洋基队每年支付的工资都稳定在 2 亿美元以上），情况将完全不同于只有坦帕湾魔鬼鱼队（2006 年的工资支出为 3,540 万美元）和迈阿密马林鱼队（工资支出只有微不足道的 1,500 万美元）这样的资金弱队参与竞价。竞价者还要考虑有没有球队竭尽所能不让松坂离开日本。还有谣言说，有一支根本不想达成合约的球队会在其中抬价，以保证这位王牌球员仍旧留在西武狮队。

　　最终，亨利认为错失松坂带来的风险将超过竞价过高的风险，于是红袜队付出了高昂的代价，以 51,111,111.11 美元的代价从西武狮队手中获得了向松坂出价的权力（亨利说他的幸运数字是 11）。他们当然赢得了竞价，并且和松坂签下了 6 年的合约，5,200 万美元的合约以及给西武狮队的支付了 51,111,111.11 美元的竞标金。红袜队在松坂加入后经历了两个表现出色的赛季，接着松坂就负伤降级，被转会到纽约大都会队。

在松坂不光彩的谢幕之前，波士顿的报纸上就充斥着红袜队后悔的新闻，说红袜队迫不及待地巴望着松坂合约期满的那一天到来。红袜队比本应该支付的价格高出 2,000 万美元，这造成了更大的不愉快：亨利猜测其他球队的报价会很激进，这一点他是对的，但是红袜队的应对却过于激进，其他球队完全望尘莫及。报价第二高的球队给出的价格是 3,000 万美元，而不是 5,000 万美元。

波士顿红袜队幸运地签下了一名日本联盟的球员，却最终懊悔万分，它肯定不是第一个有这样经历的，也不会是最后一个。红袜队与松坂的合约在 2012 年到期，而此时资金充沛的美国球队都极力避免高价签约一名日本球员，入札制度濒临崩溃。

美国大联盟的管理者自然而然开始考虑怎样修补这一制度。鉴于许多卓越的人才投身于经济和商业问题，入札制度也应该有更好的解决办法吧？

事实证明确实有更好的办法，还是 100 多年前的邮票贩子发明的一种机制，他们用竞价方式销售邮票。红袜队与松坂签下厄运合约的半个世纪前，哥伦比亚大学的一位杰出经济学家再次发现了这一机制，并对它进行了分析。

奇妙的是，这种不同的竞价方法与标准密封竞价几乎完全一致，只有一处小小的调整，那就是中标者支付的价格是第二名的出价，而不是中标价。仅在拍卖规则上做这一个小小的调整，就能让竞价者轻松许多，甚至就在十几年前网络革命方兴未艾之时，许多人都认为这一竞价规则将改变商业的属性。

毫无疑问，拍卖市场绝非新鲜事物。上溯至公元前 5 世纪，罗马历史学家希罗多德就曾描述过减价拍卖（由高价开始起拍，逐渐降低价格，直至有人出价买下商品），当然希罗多德描述的这种机制是为了嫁出富裕的巴比伦女性。如今，减价拍卖仍然被应用于荷兰花卉销售中，于是这种拍卖也被称为荷兰式拍卖。历史上，拍卖商试验了所有的拍卖规则和协议，有日本式拍卖、逆向拍卖、连续双边拍卖、洋基式拍卖。而在苏格兰式拍卖（时间间隔拍卖）中，所有的竞拍者必须在预定时间内喊价。17 世纪的英格兰曾使用过一种苏格兰式拍卖的变体，拍卖结束的时间是不确定的，由一支蜡烛燃尽的时间决定，这支蜡烛也许长一英寸。"蜡烛"拍卖如今仍在法国用来销售红酒，在巴西用来决定政府采购合约。

对拍卖的狂热起伏不定，无怪乎对拍卖的方式并无切实可行的评价办法，只能沿用昨天或去年的方式。拍卖商需要的是一个评价模型（当然是基于对买方和卖方的一系列假设），可以用来比较不同的拍卖方式促成销售的概率、可能达成的价格，以及标的物交到最看重它的人手中的可能性。

经济学中有一种专门的理论，被称为拍卖理论，为拍卖商和竞价者提供了框架和指导，在这一理论出现之前，他们往往依靠直觉。这个领域的开创源自一篇论文，文章解释了为什么对于松坂这一事例以及其他拍卖而言，第二价密封拍卖（second bid auction）才是最好的方法。

黑便士邮票

在提及革命性地改变了拍卖理论的理论经济学家之前，我们还需要扫盲一些历史知识。要解决美国大联盟的拍卖问题，历史上曾有过一种办法，对此我们需要回溯到 1840 年大不列颠发行的世界上第一枚邮票——黑便士邮票。[3] 集邮很快成为一种流行的消遣爱好，因此萌生出许多公司，专做这些集邮爱好者的生意。19 世纪 60 年代，最初的邮票目录只有个别商家，很快邮票目录就包含了所有已经存在的邮票，以及它们的价格应该怎么算，当时人们认为邮票的价值受制于许多不确定性因素，这一观点至今仍然是正确的。评价质量的角度多种多样，用集邮行话来讲，一张邮票是尚可（fine）、上乘（very fine）还是极佳（superb）？如果不是极佳，存在什么缺陷？是太薄还是处理不当导致污损？

鉴于"上乘"黑便士邮票定价中的不确定性（更不用说定义"上乘"的过程中可能会遇到的不确定性），卖方运用增价拍卖（英式拍卖）来完成经济学家所说的价格发现。这也是我们大部分人在想象拍卖时的画面：在苏富比拍卖行或房地产拍卖现场，拍卖商挥舞着小锤子，竞拍的买家举牌表示自己愿意出多少钱，拍卖商会喊出这些买家的出价，价钱越拍越高，直到拍卖商喊出我们熟悉的"一次竞标！二次竞标"，然后小锤子砰的一声，出价最高者拍下了商品。

如果卖家不知道邮票的真正价值，英式拍卖绝对是确定邮票价值的绝佳方式。你不用给邮票设定很低的价格，也不用把东西卖给第一个遇到的客户，甚至不用担心因为价格过高而卖不出去。因为销售的价格绝对是市场能够接受的。卖方还可以设定保留价格，防止买方出价过低，邮票未达到满意的价格就被卖掉。

从早期邮票拍卖商的角度来看，英式拍卖也有消极的一面，即这种方法只适合买家能够亲自竞价的情况，这就限制了买家的规模。如今你能够轻松登录苏富比的网站查看信息，在自己家里竞拍。但是在早期的邮票拍卖中，电报才刚刚发明，外地的集邮者需要将竞价邮寄过来，拍卖行还需要一种方法让邮件竞价能够和现场竞价同时竞争。

一位名叫威廉·P·布朗（William P. Brown）的纽约邮票商描述了他们设计的这一过程：

> 购买邮票时，外地的集邮者和城里的集邮者具有同样的机会，他们可以把竞价条件寄给拍卖商彭斯公司（Bangs & Co.）或威廉姆·欧文（William Erving），地址是纽约市 3222 邮政信箱，他们能够代表外地的集邮者到现场竞价，并且不收取任何费用。假设两方都收到了两个报价来竞争一套邮票

（每张 20～25 美分），他们会从 21 美分起拍。在什么价位拍卖品会给出价 25 美分的人呢？只要他们愿意继续出价，就会在 25 美分的时候停止，除非有人出价更高……邮寄竞价条件的人要给出邮票的数量和愿意接受的最高价。与其他竞价代表一致，代理人会尽可能用便宜的价格买下外地集邮者想要的那套邮票。

现场（首价密封）拍卖中，竞买者会不断提升自己的报价，直到拍卖品的价格高于他愿意支付的金额。我们希望胜出者最终支付多少金额呢？如果只有两个竞买者，并且他们都认为拍卖品的价值在 20～25 美分，那么直到报价变成 21 美分，首价 20 美分才会被排除在外，这时小锤子就会落下。拍卖品会落入认为它更有价值的人手中。不论竞买者有多少人，这一点都适用——价格不断上涨，直到高出第二名为止，此时拍卖也就结束了。

只有两名竞买者的时候，这样的结果与布朗描述的邮寄竞价（write-in bids）的结果本质上毫无差别。出价更高的竞买者拿下拍卖品，但是价格只略高于第二名。布朗描述了邮寄竞价者如何与现场买家竞争，你可以想象将邮寄竞价从低到高排列起来，最终将拍卖品授予出价最高的竞买者——价格只比第二名略高。你可以不用举办一个现场拍卖，因此也省掉了其中的麻烦和开支。同时接受当地和外地买家的密封报价，结果也相同（当然，是几乎一样，后文我们将会讨论一些不同之处）。

这就是我们所说的维克里拍卖（Vickrey auction）。

拍卖理论之父爱滑轮滑

威廉·维克里（William Vickrey）就如同我们介绍过的其他市场改革者一样，因自己的研究获得了诺贝尔经济学奖。

然而他在领奖前夕去世，这是绝无仅有情形。就在 1996 年诺贝尔奖颁布的几天后，维克里在纽约哈里森离家不远的地方开车发生了事故。紧急救援人员到达现场的时候，发现他倒在方向盘上，已经没有了生命体征。成为诺贝尔奖得主之后，研究人员常常要为诺贝尔奖委员会准备自我介绍，这时候他们就会回忆往事，撰写自传，追寻理论发展的脚步。然而，维克里永远没有这样的机会了。也因此，他的成长过程，或他如何看待自己的突破性思想，这些我们都知之甚少。

据维克里的毕生挚友，与维克里一同在哥伦比亚大学任教的罗纳德·芬德利（Ronald Findlay）所说，维克里没有给他的同侪留下任何线索。"谁能知道他的思维过程？"芬德利如是说道。不论是写文章还是做讲演，他都惜字如金：他的理论很少提及激发这一理论的最初观察。[4]

不过，从他选择的问题上，我们可以清楚地看到他非常关注解决现实问题，这一点和研究新市场经济学理论的那些一流经济学家一样。应道格拉斯·麦克阿瑟将军的邀请，维克里随同他的导师卡尔·萧普（Carl Shoup）为战后的日本设计一套税制，他们设计的这套制度至今还在运行。他的理论蕴含着信念的力量，并且他总是不知疲倦地为自己的理论游说。其中一个事例就是游说美国税务局考虑支出的累积平均化，他宣称这一点能够彻底改变税收。据我们所知，除了维克里的祖国加拿大，还没有其他国家采用，而即便是在加拿大，也只限于在渔业和农业中使用。据芬德利所说，对于维克里而言，诺贝尔奖的意义在于给他提供了一个更令人瞩目的平台，去推广改善政府效率的政策创新。

在他自己的生活中，维克里同样醉心于效率。日常决定对他而言是一系列需要解决的最优化问题。芬德利和其他哥伦比亚大学的同事回忆说，他们看到维克里穿着轮滑在克莱蒙大道滑行而过。维克里带过的研究生雅克·德莱兹（Jacques Dreze）回忆起他跟维克里的第一次相遇：当时是 9 月，他正赶去上课，被"一个高个灰发的人滑着轮滑以极快的速度超过，只见这人一只手臂下夹着鼓鼓的手提包，另一只手臂下夹着一个三面纸板箱，纸板箱外面还有带颜色的线"。后来他才知道这是维克里手工制作的教学道具，用来解释"无差异分析"这个经济学概念。

几周后，德莱兹鼓起勇气问维克里为什么用这样新奇的方式上班。维克里解释说，居住方式和通勤方式可以最优化，而他用轮滑解决了这个动态规划问题：住在哈里森的郊外住宅区，坐通勤火车到哈莱姆站，到达哥伦比亚大学曼哈顿校区，然后滑轮滑通过克莱蒙大道，最终抵达经济学系的办公室。维克里还很奇怪为什么他的同僚没有得出类似的结论。[5]

经济学家经常将世界描述成最优化问题，维克里苦恼的正是他的经济学家同僚没有在生活中实践他们的专业信条。他的大部分工作都是观察偏离最优效率的问题，然后给出解决方案。据说他就是这样，坐着空荡荡的通勤火车回哈里森的家时，提出了拥挤定价模型。在这个模型中，定价可以实时浮动，以此来调节额外的顾客带来的超负荷运转。他精确地指出，如果他5点回家，那么他可能就会占了别人的位置，或必须挤着其他乘客，这也就带来了不愉快。所以高峰期挤满乘客的车厢和晚上10点空荡荡的车厢，车票为什么是一个价格？按照他的解释，深夜班车的价格应该大幅度降低，这样就会鼓励更多乘客跟他一样，等个把小时再回家。[6]

这种对最优化的嗜好也许是他的死因之一。依照他在返回哈里森的通勤火车上思考的逻辑，他只在夜晚出行，在洲际公路上驾车，因为夜晚的道路空旷无人。如果他白天出行，道路拥堵，即使发生事故，也肯定有人能够救他。

维克里的经典拍卖研究始于寻求一种精确的解释。当时，从高速公路到学校采购和政府采购都广泛使用标准的首价密封拍卖（也就是松坂合约所用的机制）。维克里想解释这一机制出了什么毛病。等他找到答案，实际上也在毫不知情的情况下重新发明了集邮者拍卖，同时在研究过程中为拍卖设计领域奠定了基础。

维克里描述了自己认为的一种更好的方法：第二价密封拍卖，也就是如今被简称为维克里拍卖的机制。随后，他从数学上证明了这一拍卖机制也许是目前最优越的拍卖形式。他改变了拍卖行业，这个行业原本依靠一种临时的机制设计，如今它具备了一种建立在精心设计和最优化基础上的机制。经济学家在社会中起到了多大的作用？拍卖设计就是缩影之一。

愿意付多少钱，就出多少价

第二价密封拍卖的调整非常细微：出价最高的人支付的价格是第二名的报价，而不是自己的报价。一旦竞拍成功，卖方能够得到的金额是否会受到影响，取决于前两名竞拍者的出价有多大的差距。要领会这种差异，你必须在买方竞拍前站在买方的角度思考，并认识到买方获胜后只需要支付第二名报价的金额，而不是买方竞拍的报价。之所以说维克里在某种程度上开创了拍卖理论这个领域，就是因为他研究了这种差异。

如此一来，我们可以想象一下，约翰·亨利签下松坂就简单多了。权且假设亨利认为与松坂谈判的权利价值 6,000 万美元，也就是说价格为 6,000 万美元时，他会接受，即使只高出 1 美元，他也会放弃。当然，亨利实际上支付了 51,111,111.11 美元，除此之外，我们无从知晓他的退出价格到底是多少。在首价密封拍卖中，我们已经知道亨利的报价肯定少于 6,000 万，但是少多少呢？报价每往下调 1 美元，就离胜出远一步，但是同时，你也就多省下 1 美元。

在第二价密封拍卖中，亨利在竞拍中要报价多少，这个问题没有那么多不确定性。

我们可以先问一个问题，亨利为了竞拍成功，报价超过 6,000

万美元（而他也知道不必付这么多钱），这合理吗？显然不合理。可以这样来看，思考一下任何超过6,000万美元的竞价，比如6,500万美元。基于别的竞拍者的行动，可能会出现多种情形。第二名的报价也许会比6,000万美元少，这时候你报价6,000万美元和报价6,500万美元没有什么不同。在第二价密封拍卖中，你最终支付的金额都少于6,000万美元。第二名的报价也可能会超过6,000万美元，比如6,200万美元。此时你报价6,500万就必须支付6,200万，而你最初认为标的物的价值在6,000万美元之下，所以根本不值得支付6,200万美元。

为了使这笔交易更划算，报价少于6,000万美元会怎么样呢？在松坂的竞标案例中，第二名竞价者的报价是3,000万美元，因此你报价5,000万美元或4,000万美元，甚至报价30,111,111.11美元都不见得会改善结果，因为只要你的报价高于第二名，你就能竞价成功，并且只需要支付3,000万美元。但如果你出价低于第二名，也就意味着你错失了用3,000万美元获得6,000万美元的合同谈判的机会。

只要第二名报价低于6,000万美元，逻辑都是一样的。如果洋基队报价2,000万美元，而不是3,000万，即使你将报价调低到6,000万美元以下，情况也不会有所改善。你最终支付的金额取决于竞争者的报价，而不是你自己的报价。

第二价密封拍卖正因为如此才显得尤为特殊：它有一种奇妙的特质，适用于广泛的领域，潜在的竞价者只要全神贯注于评估自己愿意为标的物付出多少金钱，把这个数字写在纸上，递出去，这样就够了。约翰·亨利不用考量松坂对其他球队的价值，也不用考虑其他球队认为他会怎么想。他只要决定这名球员对红袜队来说价值几何。他也不会事后为天价合同而懊悔，因为竞价不是密封的，他可以轻松地遵循这一条知识——报价的金额只要能保证胜出就可以了。

最后，维克里拍卖也具有"社会效益"，若所有的竞价者都根据自己的估价来报价，那么出价最高的人也就是最看重标的物的人。相比之下，在首价密封拍卖中，可能会出现最看重标的物的竞价者出价低，而不太看重标的物的竞价者出价高，社会效益可能也就未能完全匹配。

因此，维克里拍卖用一种透明而简单的机制摘得了效率的圣杯。如果美国大联盟的管理人员知道威廉·维克里，也许日本入札制度就不会陷入危机。

你可能会觉得卖方在第二价密封拍卖中会失利。毕竟，在首价密封拍卖中，松坂大辅的合约虽然对红袜队是个损失，对西武狮队来说却是收益，准确来说是 20,111,111.11 美元的收益。但是这种观点没有考虑到如果所有球队都知道他们只需要支付第二名竞价者的报价，而不是自己的报价，那么他们就会在报价上更激进。也就是说，拍卖的规则改变了报价，第二价密封拍卖产生的影响之一就是推高了报价。此外，导致入札制度崩溃的超额支付问题，从一开始就受到关注：如果拍卖系统彻底崩溃，对谁都没有好处。[7]

歌德，一名业余的拍卖理论家

上面说到集邮者比经济学家更早想到维克里拍卖，除此之外，还有一位德国作家，至少预见了这种拍卖。这位作家就是约翰·沃尔夫冈·冯·歌德（Johann Wolfgang von Goethe），而他的预见发生在黑便士问世的 40 年前。

和许多喜怒无常又理想主义的艺术家一样，歌德的生活并不宽裕。他一方面轻视获利行为，他曾给出版商写信道："当我说出利润这个词时，我会觉得自己很古怪。"另一方面又怕自己珠玉蒙尘。没人喜欢被占便宜，他想确保能够从自己的劳动中获得应得的份额。

歌德使用了许多策略来确保唯利是图的出版商不会剥削他。其中就有一个策略被认为是世界上第一个维克里拍卖。

歌德打算把自己的叙事诗《赫曼和多罗西亚》（*Hermann and Dorothea*）的手稿授权给报价最高的竞价者。他甚至对自己能获得多少钱毫无兴趣，如果他执着于自己能得到的报酬，他可以选择其他的谈判策略。

1797 年 1 月 16 日，歌德在写给他的出版商菲韦格先生（Vieweg）的信里描述道："我倾向于给柏林的菲韦格先生授权一首叙事诗《赫曼和多罗西亚》，这首诗里有 2,000 行六音步诗……考虑到版税，我们会以如下方式推进。我会给我的律师保蒂格先生一封密封信件，里面装着我的要求，我会等菲韦格先生为我的作品报价。如果他的报价低于我的要求，我会原样拿回这封密封信件，并不打开它，而这笔交易当然也不会成功。如果他的报价高于我的要求，就由保蒂格先生打开密封信件，但是我也不会收取高于我要求的那部分报酬。"

德国经济学家本尼·莫尔多瓦努（Benny Moldovanu）和曼弗雷德·蒂茨德（Manfred Tietzed）偶然发现了歌德和菲韦格的磋商记录，并在 1998 年的《政治经济学杂志》（*Journal of Political Economy*）上发表了相关论文。按照莫尔多瓦努和蒂茨德的说法，自歌德去世以来的 200 年间，他的每一个字、每一个行为都被人仔细阅读分析，而学者们一直将歌德的建议当作这位百年来最伟大的文学人物留下来的谜团之一。

这两位经济学家认为，歌德选择出版商的机制毫无神秘之处。这位伟大的作家想知道自己对菲韦格来说价值几何（也许是为了长期内从他的出版商那获得更多版税），于是他设计了一套维克里式拍卖来让菲韦格告诉他。

要理解为什么歌德要这样做，我们需要了解一下 18 世纪图书市场的背景。如今的作家收到的版税要基于图书销量，某本书销量为 10 万册时的版税，是这本书销量为 100 万册时的版税的十分之一。作者信任出版商会诚实地汇报销量数据，如果出版商存在欺骗，作者还可以信任美国的法律体系，通过集体诉讼处理。核对销量的方法很多，出版商的数据要接受独立审计，作者也可以通过亚马逊网站的排名或独立的销售数据进行核查。

但是，1797 年的歌德还没有这些方法可用，导致他在很多年里都在沉思："出版商总能知道自己可以获得多少利润，而作者却只能身处黑暗。"歌德称这种不对称现象为出版的"主要的恶"。

加上当时几乎没有版权保护，这一问题就显得更加突出。畅销书的盗版非常猖獗，出版商竭尽全力不让肥水外流。知识产权保护的缺席加剧了作者和出版商在利益和观念上的纷争：作者有时会将同一本书卖给好几个不同的出版商，而且这些版本并没有很大不同；出版商也会在没有得到作者允许的情况下多次翻印，这甚至成为出版商的标准做法，连有名望的出版商也不能幸免。

即使出版商提供了销售数据，作者也保持怀疑，于是合同上规定了固定的金额，而不是根据版税支付稿酬。而且，如果正如歌德描述的，作者身处黑暗，无法评定自己的价值，出版商绝对会让作者一直处于黑暗中。莫尔多瓦努和蒂茨德认为歌德采用的是一种非常高明的手法，能够迫使菲韦格露出底牌，表露出他到底认为歌德的书价值几何。

歌德的做法到底在哪方面类似于维克里拍卖呢？假设菲韦格认为《赫曼和多罗西亚》能赚 2,000 泰勒，这也就是他的"走人价"。正如同样的原因迫使约翰·亨利在维克里拍卖中出价 6,000 万美元来争取松坂的合同谈判权，菲韦格也会出价 2,000 泰勒来争取歌德的诗。如果歌德的密封预留条件超过 2,000 泰勒，菲韦格就会放弃。同样，只有当菲韦格的报价低于密封预留条件时，出价低于 2,000 泰勒才会影响结果。这时候菲韦格就错失了用低于 2,000 泰勒的价格获得价值 2,000 泰勒的书稿的机会。

　　歌德当然对自己的特殊天才有所自觉，他留给代理人的密封预留条件是 1,000 泰勒，是同时代畅销作者作同样的诗能拿到的报酬的三到四倍。而 1800 年一个普通劳动力一天的收入大概是六分之一泰勒。

　　歌德为什么没有干脆出价 1,000 泰勒，并同时规定不接受议价呢？这样做显然更直接。而且对歌德来说，如果菲韦格评估的价值高于 1,000 泰勒，这样的最后通牒结果也能得到 1,000 泰勒，就跟他在密封预留条件里设定的 1,000 泰勒一样。（当然，如果菲韦格的估价小于 1,000 泰勒，谈判就破裂了。）

　　但是，不接受讨价还价也就意味着答案只能是肯定或否定。它只能告诉歌德他的诗是高于 1,000 泰勒，还是低于 1,000 泰勒，却不能显示高出多少。另外，歌德给出了走人价 1,000 泰勒，也就不必把可以用来在下次谈判中对付菲韦格的信息透露给他。前面我们提到，如果出版商的报价小于他预留的条件，歌德会收回密封信件。

　　歌德肯定知道自己的作品会越来越好，超过以前的作品（包括 1808 年出版了第一部分的《浮士德》），因此已经在考虑未来的谈判。如果他能预测 20 世纪中期兴起的新经济学，就会明白在市场上信息就是权力。

维克里拍卖市场

　　虽然诗作和邮票交易者凭直觉发现了第二价密封拍卖的价值，维克里则证明了这些直觉的理论支柱，让这一理论更精细、更丰富，使它能够应用于更广泛的领域。这又随之扩大了理论的受众。维克里拍卖对经济学家具有巨大的吸引力，经济学家着迷于它的理论特质，还有许多人因商业利益而受它吸引。其中有一部分是最初吸引维克里的商业，比如政府拥有的石油开采权拍卖和筑路合同分配，然而随着拍卖理论不断带来利益，它已经扩展到所有的领域。

维克里 1961 年发表的论文，在 20 世纪 70 年代初经由爱德华·克拉克（Edward Clarke）和西奥多·格罗夫斯（Theodore Groves）进一步精炼完善，发展出一套密封拍卖机制。这套机制可以轻松应用于多个领域，也就是说，它不仅可用于诗作或棒球明星这类特殊项目，理论上也可以被牛奶销售管理局用于销售成员机构的产出（这是维克里展望的一种应用），还可以用来拍卖国债（是给高盛还是摩根）。在多重维克里拍卖中，竞拍者面临的任务也是类似的，只不过不是提供一个密封报价，而是根据能够获多少单位的标的物，分别给出报价，也就是一个报价列表。举个例子，你要给一家连锁超市采购牛奶，你也许为第一吨牛奶支付 10,000 美元，而这 1 吨也许在最低限度上已经足够满足超市的需要，因此第二吨牛奶你只愿意出价 9,000 美元。如果在现行价格下超市一周卖出的牛奶不会超过 2 吨，那么你就不会用超过 2,000 美元的价格采购第三吨牛奶。在维克里 – 克拉克 – 格罗夫斯算法中输入"需求计划"，不用片刻你就能知道自己要买多少吨牛奶，以及要付给牛奶市场管理局多少钱。

在实体经济中，用维克里拍卖销售 Xbox 360s 和平板电视这类产品显然在实务操作上存在限制。想象一下你去沃尔玛超市买一台游戏操作台或电视机，价格却不是写在超市价签上，而要寄一堆信件去竞价，在信件中表示自己愿意为各物品支付多少金额，你还要当天回到超市确认自己是不是买到了一台新的平板电视、一个 Xbox，有可能你一件物品都没有买到。这中间阻隔的是巨大的物流障碍，比如核对写在纸上的报价、不断来回商店等。

但是，通过互联网，人们不再需要通过密封信件报价，也不必亲自去商店，这些障碍都得到了解决。虽然不能消除相互依赖的需求。比如，如果你有一台 Xbox，才会想要一台新电视，也只有当你没有买到 40 英寸的电视时，才会想要一台 30 英寸的电视。[8] 但是，也许这种情况并不重要：你不必亲自去商场提交写在纸上的报价，只要登录互联网，就能竞拍一台电视，然后静待结果，接着竞拍另一件商品。这个过程既不费时也不费事，因为你不需要查看以往的记录，也不需要修改你的报价。

实际上，这就是易贝使用的拍卖列表。就跟集邮者通过邮寄代理给威廉·P. 布朗在纽约的拍卖行报价一样，你登录想购买的商品网页参与竞拍，输入你的走人价，然后就可以完全放手不管，直到拍卖结束。易贝在必要的时候会为你提高报价，依照维克里的推断，你可以确信自己的报价足够高，能够让你竞拍成功。

互联网不仅保证了销售以一种更有效的方式进行，也塑造了一种新的商业模式，在这种模式下，经济有效地自成一种大型维克里拍卖，竞拍者在易贝或其他正在兴起的电子商务网站上远程输入他们愿意为商品支付的金额。也正因为如此，《经济学人》杂志（The

Economist）在 2000 年曾撰文称，互联网引入了"一个全球性的永久集市，在这个市场上没有价格能够长期不变，所有的信息都立即可取，卖方和买方无时无刻不在讨价还价，以期望实现最实惠的交易"。斯坦福大学的经济学家罗伯特·霍尔（Robert Hall）对于拍卖和动态价格在互联网时代的作用则没有这么乐观，又或者我们不应该过早臆断。他在 2001 年写了一本书，名为《数字交易》（Digital Dealing）。在这本书中，他预测"出售收藏品、剩余设备、工业品、证券、体育运动以及机票，拍卖将会是一种很盛行的方式"。结果显示，他的预测非常精准。[9]

拍卖虽然不是这个互联网集市的唯一组成部分，但是拍卖显然在其中发挥了非常重要的作用。皮埃尔·奥米迪亚创办的易贝是世界上第一个在线拍卖商，其他互联网先驱雅虎和亚马逊很快就闻到了利润的味道，纷纷进入在线拍卖商领域，于是带来了竞争。

不过线上拍卖领域的兼并活动从未成功。亚马逊的拍卖网站一直都没有启动，而雅虎在 2007 年就关闭了它的拍卖业务。

如今易贝上仍然有百万件商品在拍卖，你也仍然可以注册自动出价系统参与竞拍，这家公司仍然以在线拍卖商为人熟知。但是到 2012 年年末，易贝上只有不到 15% 的商品仍然采用拍卖形式，而就在 10 年前，易贝的商品 100% 都是采用拍卖形式销售的。易贝上其余的商品都有普通的固定价格，就跟亚马逊网站上第三方卖家的商品一样。这样一来，在易贝上买东西与几个世纪来人们的购物方式也就没有本质的区别了。

在线商务的这种转变，对于易贝的营收有着非常重要的影响，公司内部研究团队的数据科学家因此全面研究了这种转变。他们与斯坦福大学的经济学家合作，深入研究了拍卖业务下降的原因。他们的发现有助于易贝的管理者规划未来的商业路线，也有助于我们更好地理解互联网如何改变了市场的属性，以及更重要地，互联网在哪些方面没能改变市场的属性。

如果说卖方发布的很多商品不再使用拍卖方式销售，可能的原因是互联网商务销售的商品从皮里士糖果盒收藏品这类独特的商品，转向了更普通的商品，比如电器和百货。独特的商品包含了更多的不确定性，因此让人无法确定它的价值。不过实际上原因并不如此。虽然易贝的拍卖商品在不断下降，但是易贝的商品品类份额一直很稳定。所以，为什么销售方式发生了改变呢？

曾经有一个经济学笑话，说如果你饲养一只羽毛亮丽的鹦鹉，不断教它说"供给和需求"，最终你自己会成为一名优秀的经济学家。这个笑话很好笑，因为它在一定程度上是对的。要理解在线拍卖衰退背后的原因，从市场的两端分别来分析是一个很有用的视角。卖方可能已经意识到拍卖容易引起争端，而买方可能不再愿意购买拍卖品。在这两种情况下，拍卖品都会减少。

很多经济学家付出时间精力分辨供给主导的市场和需求主导的市场。比如，油价上涨是因为人们开车的频率增加了，还是因为OPEC 的石油开采量下降了？工资下降是因为公司削减了招聘需求，还是因为找工作的人多了？（往往都是共同作用的结果。）

易贝似乎给市场研究者提供了几乎完美的实验来做这样的区分。卖方可以测试买方对于提价的敏感程度，比如他们会不会因为展示了更多的商品图片而支付更高的价格，以及当卖方能够用固定价格在易贝上销售商品时，他们又做了同样的试验，来确定拍卖和固定价格哪种形式更佳。[10]

要理解研究者使用的方法，我们先来思考下面这个例子。当我们在某个早晨打开易贝界面，搜索"16GB 容量的第 5 代 iPod"，结果出现 122 个商品。这些商品有不同的颜色、邮寄方式和更精确的描述，比如"第 5 代苹果 iPod touch，黑色和银色（16GB，最新款）"，其中 80% 是以固定价格销售的，其余的则通过拍卖形式销售。

以固定价格销售的 iPod 定价在 180 美元到 220 美元，其中有一个标价十分乐观，为 319.99 美元。拍卖品价格较低，这一点不足为奇。至少收到过一次拍卖报价的商品，价格从 71.5 美元到 178.6 美元不等，虽然在我们观察的半个小时之内，有一件商品的拍卖价格迅速上升。拍卖的最后几分钟，场面往往很混乱，自动出价系统的存在就是为了让购买者在拍卖结束的时候不必面对这一系列混乱，但它实际上却不是如此运行的。[11]

在这一组几乎完全相同的商品中，比较一下两种方式买下一台 iPod：现在就买，价格为 200 美元；拍卖后等待结果，最后花了 180 美元。如果研究者准确地匹配了各方面都相同的商品，那么拍卖商品需要承担 10% 的折价这个事实正好说明了问题，它表明了虽然维克里式的自动出价系统增加了拍卖的便利度，但是固定价格能够比拍卖给顾客带来更高的便利，它也表明了顾客愿意为这样的便利多付出多少。[12] 不论你如何简化维克里拍卖，它仍然保留着竞拍产品固有的麻烦，顾客仍然对它抱有担忧。

用固定价格形式购买 iPod 需要支付额外费用，这也不是偶然现象。拍卖价格一直低于固定价格，并且自《经济学人》预测说互联网会成为一个买方和卖方讨价还价的全球集市之后，两者的差距近年来越来越大。2003 年，拍卖品折价为 3%，现在它稳定在 15% 左右。

《经济学家》最初的预测正如它解释的，是宣告我们的人生将耗费在讨价还价中（为了最划算的交易）。这听起来很有意思。实际上，在易贝上寻找"便宜货"是早期互联网的娱乐之一：竞争带来悬念和刺激，还有偶尔的胜利。对于当时的大多数人来说，在互联网上购物和在沃尔玛一样令人兴奋。

为什么它现在变得如此平淡无奇？原因之一是大部分商品，比如 16GB 的 iPod，跟它们的价值相比，没有那么多不确定性。在亚马逊上，你随时能够买到 16GB 的 iPod，你也能猜到价格，比如包含运输费用在内为 190 美元到 200 美元。

如果 iPod 打折销售，为什么还要在易贝上竞拍呢？你也可能会问，为什么每加仑牛奶优惠 1 美元的超市优惠券会存在呢？因为收集优惠券的人对于价格非常敏感，却不在乎自己的时间。他们愿意花大量的时间仔细阅读报纸插页，寻找超市的减价商品，并且他们和更忙或更健康的顾客不同，除非很便宜，他们购买牛奶和谷物的数量一般很小。而优惠券能够让零售商给予不愿花钱的这部分人特殊的优惠，又能让商品价格对其他人保持不变。类似地，低价拍卖给那些有时间却没钱的人提供了机会，让他们能够在购买黑色或银色的 16GB 容量的 iPod 时享有 15% 的折扣，而其他人价格仍然不变。

维克里拍卖的问题

在线购物者对维克里式的拍卖方式不感兴趣，这一点可能并不会让维克里感到烦恼，毕竟他对引起社会性后果的分配决策更感兴趣。然而，虽然当初维克里是为了政府采购才想建立一个比首价密封拍卖更好的拍卖方式，如今政府采购中却鲜少看到他设计的这套拍卖方式。在国有资产拍卖中，我们很少看到维克里拍卖的身影，因为国有资产拍卖不仅关系着国有资产将产生多少收入，也关系着国有资产——不论是石油开采权还是无线频谱——是否转让给了对它估值最高的竞拍者，因为只有这样的竞拍者才会竭尽所能地高效利用这些国有资产。

维克里拍卖不仅优雅简洁，而且具有神奇的魔力，能够让竞拍者不用费心思考拍卖策略，也能避免支付过高价格。对它着迷的经济学家无论如何也无法理解为何维克里拍卖无人问津。

现实情况是维克里拍卖过于简化，不适合现实生活中的大多数拍卖环境，它处理不了复杂情形。第二价密封拍卖作为一种最佳的拍卖设计，基于的是维克里在 1961 年发表的论文中提到的条件，而它在更一般的条件下存在很多缺陷，拍卖理论家拉里·奥苏贝尔

（Larry Ausubel）和保罗·米尔格罗姆在 2006 年的一篇论文中已经指出这一点。用他们的话说，虽然维克里拍卖"具有理论上的优势，但是也有着重大缺陷"[13]。

比如，维克里的模型没有考虑串通共谋和合谋者哄抬价格的情况，而这些都是政府承包商自古以来常用的策略。拍卖理论家指出，如果有一件以上商品在销，维克里机制甚至能够让竞拍者更容易从拍卖前的秘密会议中受益。[14] 并且，尽管这种拍卖方法通常做得不错，然而也时常导致宝贵的公共资产以 0 元易手。想象一下，你必须在参议院听证会上向选民说明，你选用的创新拍卖方式为什么会让政府资产无偿转移给埃克森（Exxon）或德国电信（T-Mobile）。

奥苏贝尔和米尔格罗姆的论文还只是一个开头。接下来的几年中，学术期刊《运筹学》（*Operations Research*）的一篇文章"维克里 – 克拉克 – 格罗夫斯拍卖法不切实际的 13 个原因"（Thirteen Reasons Why the Vickery-Clarke-Groves Process Is Not Practical）又提出了新的问题。这可不是抽象的思考：1993 年，新西兰政府采用一系列维克里拍卖出售无线频谱，在某一个拍卖中，胜出者报价 10 万美元，而他最终支付的第二价只有 6 美元。[15]

那么，2013 年美国大联盟的入札制度为什么如此紧迫地需要变革呢？美国大联盟正是维克里拍卖的一个完美试验场：只有一个标的物，首价密封拍卖因为竞价的不确定性而表现欠佳，并且判断错误的竞拍成功者会因此职业生涯尽毁。

美国大联盟的劳动经济学主任摩根·索德（Morgan Sword）为

了寻找一种替代方案，以避免松坂这样的合约，阅读了维基百科上的"维克里拍卖"条目，得出的正是这样的结论。另一位日本棒球球星，乐天金鹰队的投手田中，准备在当年 11 月宣布转投美国大联盟。

索德向各方推介维克里拍卖，包括美国和日本的球队，以及球员联盟，而他的经验也成为拍卖理论从理念到践行的一个案例。

维克里拍卖的 13 个致命缺陷不包括人类天性中的意志薄弱，但是它却非常有助于我们理解索德的提议，即用第二价密封拍卖来决定田中的合约。首价密封拍卖有一个关键的缺陷，正是这个缺陷让松坂去了波士顿红袜队，也是这个缺陷让支付天价薪酬的管理者饱受当地媒体诟病，甚至不得不引咎辞职。第二价密封拍卖恰恰能解决这个问题，让竞拍获胜者轻松一些。从定义来看，竞拍获胜者支付的是亚军的报价金额，这样一来就没有人超额支付了。

不过球队老板又开始担心，竞拍中的情绪化氛围往往会造成高风险的高薪合约，而竞拍中的提价压力可能会让第二价密封拍卖下的成交价高于原来的拍卖系统。美国大联盟的老板也曾因为类似的原因拒绝了标准英式拍卖。让一堆杀红了眼的老板和他们的合伙人关在一间屋子里拍卖，场面肯定会失控，现实就是如此。这也是卖方最初采用英式拍卖的原因，不断哄抬拍卖气氛，引起竞争性竞价，让买方掏出更多的钱。

索德最后提议了一种混合式拍卖，杂糅了首价密封拍卖和第二价密封拍卖，竞价胜出者支付的价格是前两名竞价者报价的平均值。

终于，球队老板们决定考虑这一项提议。索德认为，如果不考虑入札制度的另一特性，老板们很有可能接受他的这种混合式拍卖。大联盟的球队发放的薪酬数额有限额规定，超过限额的薪酬必须缴纳重税。波士顿红袜队和纽约洋基队这样的强队发放的薪酬经常超过限额，因此多年来支付了数亿美元的税款，而这些钱却直接流进了差的球队。入札费算不上是薪酬，因此在其他球队看来，波士顿红袜队支付给西武狮队的 5,000 万美元就避开了薪酬上限。如果红袜队将这部分钱给松坂增加薪酬，他们很有可能碰触上限，也没有多少回旋的余地。

是什么因素最终让索德和他的同事将理念从画板变为了现实？是入札费的上限被定为 2,000 万美元。拍卖的前三名都有权和球员谈判合约，日本球员一直推动这条规则，因为他们不想去一个没有便利的生活设施或大型日本人社区的落后地区。球员联盟也很高兴限制入札费：这意味着流入日本球队的收益更少，而球员收入将增加。美国球队对此也处之泰然，特别是弱队。

因此最终只有日本球队没捞到好处，5,000 万美元的入札费已是回不到的过去。乐天金鹰队的总薪酬上涨到近 5,000 万美元，球队产生的利润也让他们没有底气拒绝 2,000 万美元的入札费。正如索德的老板所说："上个赛季中我们没有田中，如果必须如此，下个赛季我们也可以没有田中。"不论如何，他们认为 2,000 万美元已经足够用来买通日本的任何一支球队了。

维克里拍卖最终在大联盟遭遇失败是由于入札制度的特性和各

方利益。复杂的现实再次阻碍了维克里拍卖的纯粹之美。显然，不是所有事物都跟在哈莱姆区的溜冰路线一样可以最优化。

歌德后来的经历和第二价密封拍卖的效果都不是很好。他的经纪人保蒂格先生在销售前给出版商菲尔格寄了一封短信："现在，告诉我你能够付多少、愿意付多少？亲爱的菲韦格，我设身处地为你着想，像一个旁观的老友那样关心你。鉴于我大约知道歌德从戈申（Goschen）、贝尔图赫（Bertuch）、戈塔（Gotta）和 Unger 处得到的报酬，我要郑重提醒你，出价不应低于 1,000 泰勒。"1,000 泰勒正是歌德写在密封信封里的金额。菲韦格的销售记录如今已经公开，《赫曼和多罗西亚》长盛不衰，为他赚了数万泰勒，而这些钱歌德却一分也没拿到。你也许有设计最精良的机制，但是如果这个过程存在腐败，你将得不到一点好处。

如果你因拍卖市场上鲜见维克里拍卖就小觑于它，那将是个错误。这就好像说牛顿对物理学的贡献毫无意义，因为他没有预见相对论。首先，就如牛顿的物理法则适用于某些条件，维克里拍卖的变体也存在于许许多多的市场中。其中最令人瞩目的就是谷歌销售搜索广告的系统 AdWords，它指导潜在的广告商竞价，"你愿意为每一次点击支付的最高金额"，最后的收费按点击量计算，也就是说真实的点击成本可能更少。买方能够更明智地竞价，原因就是 AdWords 本质上是一个维克里拍卖。

无论如何，维克里的确切机制虽然尚未成熟，但是它具有更普遍的意义：拍卖设计如今是经济学中的一个独立领域，并且在现实中有着非常广泛的应用。我们没有去钻研它的许多应用，是因为拍卖设计者从中领悟到一个心得，即每一种拍卖情境本身都很复杂，为了满足这些情境而设计的拍卖也很复杂。[16]

但是，拍卖设计者曾思考基于潜在竞拍者的动机，拍卖如何才能最有效地实现卖方的目的，不论卖方是寻求收入最大化的易贝商家，或是旨在使资源开发最有效的政府，还是像歌德这样努力了解自己价值的生产者或艺术家。这在一定程度上激发了维克里去努力开拓这一新领域。

维克里拍卖在拍卖设计上是一次非常重大的突破。在以往的拍卖方式中，不论是私人卖方还是公共卖方，都用一个标准的工具包来销售他们的商品。在这些有限的选项中，很难搞清楚人们在决定使用哪种方式——抽奖还是英式拍卖时，到底有没有深入考虑。

有一个例子讲到拍卖理论的胜利，经常被人提到，那就是1995年的无线频谱拍卖。在此之前，美国通信委员会实际上依靠的是抽奖方式：你先申请某个地方的无线，如果你的申请号被抽到了，你就能成为美国某个地方的无线频谱所有者。这看似公平，毕竟所有人都有相同的机会获得无线频谱执照，但是就政府而言，并没有获得多少收入。它也没有带来效率，因为执照只有形成地理上的聚集才能产生更多的利润。抽奖方式下，无线频谱执照所有者可能会抽到在阿尔布开克和阿尔巴尼的执照，这样他就需要想方设法把阿尔巴尼的执照换成圣达菲的执照。这也催生了华盛顿的律师事务所开设"通信公司"，专门服务于无线频谱执照竞拍。[17]

美国通信委员会接受拍卖理论家的提议后，在 1995 年的无线频谱拍卖中包含了一本厚厚的规则描述，列明了无线频谱销售中可能会发生的事情和明确的要求。而这一复杂的程序给山姆大叔带来了大笔收入。斯坦福大学的经济学家保罗·米尔格罗姆和罗伯特·威尔森（Robert Wilson）提出的这一套拍卖机制创造了 7 亿美元的收入。

它带来的是一个更富有的政府和一个更高效的世界。如果维克里泉下有知，也肯定会欣赏这一做法。

The Economics of Platforms

Is That a Market in Your Pocket
or Are You Just Happy to See Me?

平台经济学

口袋中的市场还是约会市场

1299 年，来自意大利北部城市普拉托的一名商人向香槟郡的法官（集市的管理者）提出正式控告。[1] 香槟郡位于今天法国北部与比利时和卢森堡交界的地方，当时独立于法国统治。1180 年左右，该地区聚集了一系列的商品集市，吸引了全欧洲的商人和金融家。正如一位历史学家描写的："它是欧洲贸易的轴心。"[2]

商品集市实际上是全年性的，随季节流动于 6 个郡的城市中，每个城市持续时间固定为 6 周。每一次集市的前 8 天为准备期，给商人们布置安排。接下来就是布料集市、皮革集市和香料集市，以及其他按重量销售的商品。在最后 4 天中，商人们会结算账户。不可避免地，集市周围还会有许多其他的贸易，迎合大量腰缠万贯的人。酒店勾栏生意兴旺，当地一片欣欣向荣。

普拉托当时以纺织业闻名，普拉托的这位商人声称一位佛罗伦萨的顾客在集市结束时没有付账，反而逃到伦敦。这个佛罗伦萨人欠这位普拉托商人 1,600 里弗尔图洛（相当于英国的英镑）。

现在看来，这也是一大笔钱。实际上，以当时的标准来看，是一笔足以摧毁一门生意和一个人生活的钱。思考一下，1 英镑大约为 360 便士，一名英国手艺人一天能够赚 4 ~ 5 便士，或者说 1 年赚 4 英镑。因此 1,600 英镑大约就是一名熟练的手艺人 400 年的收入。用商品来表示，1,600 英镑能够买下 10 万只鸡或兔子，几吨的盐或胡椒，20 匹战马。用这笔钱租下伦敦大桥上的所有店铺能租 10 年。这笔钱足够用来做一位男爵女儿的嫁妆，还有剩余用来购置婚礼筵席供 1,400 名宾客享用，建 6 座带花园的石头房子。而一名伯爵或公爵一年的收入也就是 1,600 英镑。[3]

显然这位普拉托商人很不开心，甚至有可能因此破产。

集市的管理者是一群由香槟郡授权管理集市并监督司法问题的人，他们寄了一堆信件给佛罗伦萨商人，但没有回信，于是管理者又与伦敦市场取得了联系。

伦敦市长实施了调查，查明不存在欠账。假设这种调查是一种中世纪的调查，佛罗伦萨商人很可能贿赂市长办公室，并觉得此事会就此摆平。

但是他错了。在伦敦市长知会香槟郡集市管理者他们弄错了，佛罗伦萨商人是清白的之后，香槟郡集市管理者的回应是对伦敦商人的贸易禁令——不是对那位佛罗伦萨商人，也不是对其他佛罗伦萨来的商人。同时，集市管理者还向伦敦商人下了最后通牒。

来年的集市（中世纪的一年一眨眼就过去了），在伦敦商人的敦促以及伦敦市长的要求下，佛罗伦萨商人全额偿还了 1,600 里弗尔图洛。[4]

香槟郡集市管理者对远在英格拉的法庭具有如此的影响力，说明了香槟郡集市在中世纪商业中的重要角色，以及香槟郡为此付出了巨大的努力。

　　自由市场原教旨主义者将市场视为自发形成的经济交换，只要有贸易的机会，市场就会填补经济的空隙，就如第二次世界大战期间战俘营中的红十字会物品的交易。现实中，市场和大部分社会机构一样，也需要爱和关注才能繁荣。法庭凭直觉了解自己作为做市商的职责：吸引规矩的人（以及更重要地，避开不适合的人），制定规则，以及惩罚犯规者。

　　如果某个市场中做市商的作用异常关键，决定了市场的开放与持续运行，我们就把这个市场称为平台（platform）。信用卡、社交网络、iPhone，都以其独特的方式精心管理各自的市场，撮合了各类群体在市场中交易：维萨（Visa）卡的持有者和零售商，社交网络的广告商和会员，iOS 应用开发者和 iPhone 用户。

　　香槟郡法庭虽然用的是中世纪的方式，但它是市场设计的先驱。普拉托商人稀奇的故事和他欠账未还的顾客，以及法庭的回应，都表明了市场平台要正常运行应该遵守的法则。

　　如今经济学家在建立经济学模型时，越来越贴近现实世界，这一研究倾向也使主要研究者开始关注平台。他们及时地阐明了支配这些多边市场（multisided markets）运行的规则。也正因为研究者的成果，我们如今已经深入理解了哪些因素能够让平台有效运行，也知道其中的一系列指导原则。这些原则有助于我们建立更好的平台，而且它们有很多能够追溯到 12 世纪的市场设计创新。平台如今对我们的生活具有如此巨大的影响，我们有必要理解参与其中之时，需要做出的权衡取舍。

平台经济学

中世纪集市、信用卡以及互联网服务，人们如今将它们统称为平台市场。很难搞清楚人们从何时以及为什么开始谈及这种平台市场，一些经济学家，包括我们自己，都感到无端的困惑，因为"平台"的定义多种多样，有些定义依稀能够和平台市场有所联系，有些则毫无关联。计算机平台是一种，比如 Windows 操作系统就是一个平台，在这个平台上运行着其他的程序。基本硬件也是一个平台，电脑运行就是基于这一平台，比如英特尔平台。政治平台是另一种，竞选人通过政治平台宣称他们竞选成功后会实行的政策。还有一种是信息平台，用来推广品牌和名声——不论是公司的、宗教的还是个人的。当投资者提及平台型企业，你也许会更困惑，他们指的是用来扩大产业影响力的跳板企业。比如，"我们先买下英特尔，然后慢慢统治全球微处理器市场"（响起邪恶的笑声）。

经济学家讨论的是双边市场，或者多边市场。你可能会问，哪类市场不是有两方交易者。超市购物、找工作、雇用承包商翻新厨房，这些市场交易都有卖方和买方，经济学理论的观点就是，交易双方以及一系列市场价格，推动世界成为更美好或至少是更有效率的地方。

超市（或一些商店）从某种程度上讲是一个单边市场，它只需要一次处理一组客户。它进货储存，采购经理确保货架上的商品种类能够满足购物者的需要。很少有百货商店的采购会跟顾客碰面，除非你恰巧在一个安静的午后碰到一个店员正在给货架摆上面包。

但是，在大多数市场上，参与者之间都会有直接的接触。这些真正的多边市场需要额外的推力才能有所进展，才能不断成长并发挥它们的潜力。做市商就是提供额外推力的人，他们创造平台，让两个或更多的顾客在这个平台上会面，他们设计的平台会促使买卖双方露面，并顺利交易，当他们从平台离开时，都对达成的交易感到满意。亚马逊和易贝就发挥着这样的作用。他们为买方和卖方创造了市场。Angie's List 连接了水暖工、电工、其他承包商和那些要修理、翻新厨房的屋主。这样的市场甚至可以有更多的参与者，谷歌的安卓系统是智能手机、App 开发者和顾客的交汇点。商业网络服务商领英（LinkedIn）同样将企业招聘人员、求职者和雇员撮合起来。做市商还包括最近大受瞩目的"分享经济"公司，如优步、爱彼迎、Lyft、Postmates 和其他许多在线市场。

在满足各方需求时，做市场要保持一种微妙的平衡。而且，除非各方参与，否则平台发挥不了其功能，就像人们不会光顾一个存货很少的超市，易贝如果没有种类繁多的拍卖品，也就不会有那么多访客。如果不是预期会有许多潜在的顾客，也不会有人会愿意发布他们多余的豆豆娃（Beanie Babies）。市场中的各方参与者就如先有鸡还是先有蛋的问题。

对于百货商店和超市这类单边市场而言，这根本不成问题。它们往往先从制造商那里进货，再把商品卖出去。农民不会在意商店里会有多少顾客,因为他已经把土豆卖给了商店。[5]但是在平台上,如果没有做市商的推动,没有哪一方参与者会来。做市商的职责就是吸引参与者,吸引到合适的人、够多的人来参与交易。实际上,平台上各方的利益会随着对方参与者的增加而增加。

即使易贝说服足够多的买方和卖方访问网站,它的工作还远未结束。如果在这个平台上有许多不愉快的交易,交易各方将不会在这个平台上逗留。因此,平台还需要设定规则,解决纠纷,并保证不再发生类似情况。可以说,平台的规则很要紧。

如果要给平台下一个惯用定义,我们可以说平台是一个双方(通常是买方和卖方)通过中间人交易的市场,并且中间人必须保证,参与者通过平台达成的交易能够比看不见的手指导下的交易令他们更满足,市场也因此更有效率。你也许觉得这个定义过于宽泛,平台专家、波士顿大学的经济学家马克·李斯曼(Marc Rysman)可能会同意你的看法。交易中的中间人或其他事物会让交易更可靠、更透明,但他们是不是在某些方面无法给市场带来益处呢?交易双方更多是一个程度问题。对一些平台而言,中间人很关键,他们调整价格和其他因素,以保证交易双方在数量上达到平衡:一个约会平台如果只有异性恋男性而没有女性,将很快解体,这就如同一个零售平台只有很少的卖方或很少的商品。还有一些市场交易需要比其他交易更强有力的中间人。在互联网上购买的电池没有达到预期也许不是大问题,但是如果要购买互联网上的保姆服务,就必须确保卖方不存在缺陷。[6]

任何交易都能形成平台，或构成传统的单边市场。香槟郡的法庭可以从卖皮革的行商那里购买皮具，然后自己零售。苹果公司同样也可以开发或购买所有的 App，而不是充当顾客和开发者的中间商。亚马逊就兼有两种形式：有些商品它会自己采购、自己销售，还有些商品则由它充当平台中介，两种形式的组合给它带来了最大利润。如今正是平台的好时候，它是创业者的风尚、风险投资家的新宠。为什么？对平台建造者和做市商来说，他们能够从平台中获得什么？

把平台看成一个运动场，任何想进入运动场的运动员，不论他属于哪一方，不论他有多少队员已经入场，都需要从所有者那里买票。经营平台的企业可能并不在乎哪一方获胜（也就是说某一方或某一个运动员会从平台中获益最多）。运动场的所有者只想售票给更多的运动员，保证比赛在他的运动场上进行。[7] 要做到这一点，平台所有者必须保证入场的运动员能够增加平台的价值，这样一来，比赛双方就会在运动场上进行比赛。（考虑一下如果易贝上的卖方都是骗子，这个网站上的价值定位会是什么？）

仔细观察一个双边市场，把它看作一个人们会面的场所，而不只是发生交易的场所，这样你就能从一个新的角度理解交易。单边市场和双边市场的区别非常微妙又富有意义，它改变了消费者和企业进入市场的方式，也影响了监管者对平台经营范围的决策，比如是让平台自己管理，还是用规章制度管理企业对平台的使用。

对平台施加的规章制度会对你的生活产生很大的影响。我们已经注意到，平台无处不在——视频游戏控制板、集装箱运输、信用卡、包裹运输、杂志和报纸、网站搜索、房地产经济、保健组织、购物中心、股票交易等。而且它们越来越普遍地在我们生活中充当中介。这也不足为奇，如今要建立一个会面的地方，我们不必像香槟郡集市那样召集大批的人，我们只要在网络上登录、会面。也因此，我们如今可以在线上平台约会、预定行程、购买百货、发送即时消息、叫出租车，这些统统都能在线上完成。近来受到诸多夸耀的物联网将我们带入平台商业模式的新纪元，这些商业模式有些令人大为惊奇，还有一些如联网汽车，则让人惊奇又有些吓人。汽车从内燃机驱动变为联网的软件平台驱动，我们能够遇见这种变化带来的后果，一方面它会让我们的生活更便利（自动驾驶的汽车发生事故的可能性更小，汽车中安装的程序也会更多），另一方面它也会让我们更脆弱（远程入侵汽车程序）。但是，控制这些平台的规章制度都是一样的。

脸谱网、领英、优步和其他平台的成功，刺激了创业者和风险投资者给新的平台企业投入大量资金。但是平台模式并不适合所有市场。许多新创企业只顾着挥霍经费，消费媒体的关注，最终人们会对他们失望。如果买方和卖方已经找到对方，又或者市场失灵和未形成市场并不是因为买方和卖方的不匹配，那么平台最初就没有必要存在。即便你建立的是这种不必要的平台，也没有人会来你的平台交易。

2014年，《纽约》杂志报道了新兴的洗衣服务平台之间的竞争。

我们尚不清楚它们解决了哪些市场失灵，毕竟市场上已经有干洗服务。它们提供的是无差别的洗衣服务，第一次使用它们的服务之后，我们就能很清楚地知道它们做得是好是坏。也许网络能够让这一过程更高效，但是平台公司并不能。我们的朋友 MIT 的战略教授皮埃尔·阿祖莱（Pierre Azoulay）称这样的例子为"连我妈都不愿意为我做的事情的网络"。当然，近几年你还会上网查找洗衣服务，但提供洗衣服务的人是不大可能从率先提供洗衣服务中赚到钱了。

接下来我们和传统的"柠檬市场"对比一下。就如洗衣服务一样，谁会成为互联网时代的旧车交易商也存在竞争。如果有人脱颖而出，想出了一个能够让"柠檬市场"顺利运行的办法，他们将会因此赚大钱。

每一个多边市场都是特殊的，其中有一些重要的原则。这些原则可以帮助我们弄明白什么情况下最适合使用双边市场，以及为什么采取这种特定的形式。

平台的规则

做市商需要选择平台的规则，因为规则决定哪些人可以参与平台，以及如何参与平台。而规则多种多样，不同的规则会聚集不同的人群，产生不同的交易。

信用卡是经典的双边市场范例，所有的信用卡公司创立之初都是为了一个基本的目标，那就是通过信用额度连接零售商和购物者，但是他们最终实现这种连接的方式却千差万别。[8]

顾客用信贷购买商品的情形由来已久，但是 20 世纪 50 年代以前，每一名顾客需要和每一家商店维持相互独立的信用关系。你在当地的药店、肉铺和希尔斯百货分别有不同的信用额度。在合适的范围内，这些信用关系很方便，你不用每次购物都付现，只需要月底用支票支付全部的账单。丈夫和妻子可能会共用一个账户，密切注意家庭购物情况。商店也乐意这样做，虽然有一些风险，但是信用关系提高了顾客忠诚度。

按月付清账单非常缺乏效率，银行于是从中看到了建立市场的机会。到 20 世纪 50 年代末，银行多方尝试，推出信用卡用于集中结算。[9] 但是这些努力都失败了，缺少足够的商店愿意签约接受信用卡，就吸引不到足够的顾客申请信用卡，于是银行也就没有足够的顾客资源能够用来说服商店接受信用卡。

鸡和蛋的问题在当时似乎是无法逾越的障碍。

1958 年，美洲银行的经理约瑟夫·威廉姆斯（Joseph Williams）提出了一个华而不实的主意，但正是这个主意解决了鸡和蛋的问题，虽然花了公司不少的钱。威廉姆斯选择了加利福尼亚州的弗雷斯诺作为第一站，踌躇满志地开始推广信用卡。弗雷斯诺有 25 万人，45% 都是美洲银行的客户，这一比例至少是一种希望，值得一试。威廉姆斯和他的同事为说服零售商做了充足的准备，它们一边吸引足够的消费者，一边却向商家承诺已经有一大群消费者想试一试他们的新卡。在这种情况下，商家拒绝这门生意就实在可惜了，于是有许多零售商签约了信用卡服务，毕竟如果有大量顾客，拒绝信用卡就是不明智的做法。

威廉姆斯的团队随后就要让自己的承诺成真，于是给美洲银行的客户邮寄了 60,000 张激活了的信用卡，并告诉他们信用卡服务如何运作。这有点像一封请柬，邀请人们外出花销别人的钱。人们也确实出门花钱了。猛烈的营销和施压交错结合，威廉姆斯最终开创了信用卡业务。

但是，威廉姆斯并不是唯一的推动者。有谣传称美国国家银行要在圣弗朗西斯科做类似的事，这类竞争压力迫使威廉姆斯加快了脚步。弗雷斯诺的试验成功让威廉姆斯的团队扩大了信用卡推广项目，他们在圣弗朗西斯科、萨克拉门托和洛杉矶使用了相同的办法。到 1959 年 10 月，美洲银行已经在加利福尼亚州邮寄了超过 200 万张信用卡，超过 20,000 家商铺接受了新的美洲银行卡（BankAmericard）。

美洲银行在市场的两方中间，从客户那里收取利息，从商铺的每笔交易中收取一小部分服务费，就能大赚一笔。

有一阵子，新发的信用卡看起来似乎大获成功，但威廉姆斯设计的平台有一个致命的缺陷。你也许已经意识到了：如今我们想要信用卡需要预先申请，并且在真正获得信用卡和信用额度之前，发卡行会检查你的信用评分、工资和其他指标，以确定你是否有能力偿还欠款。但是在信用卡的早期岁月里，这样的程序并不存在。威廉姆斯给 200 万加州民众发放了信用卡，但是民众对信用额度一知半解，这就导致了严重的后果。

威廉姆斯预计的坏账率为 4%，但实际达到了 25%。而且令人措手不及的是信用卡欺诈的出现，包括猖獗的身份窃贼。虽然威廉姆斯明白他需要给市场的双方某种强力的推动，但是他破坏了平台设计的另一条基本原则，那就是吸引合适的顾客来参与平台。退一步讲，发行信用卡的过程中，信贷的可靠性非常关键。

1959 年年末威廉姆斯离开美洲银行时，他已经给银行造成了900 万 ~ 2,000 万美元的损失（折算到今天大约为 7,500 万 ~ 1.6 亿美元）。但是美洲银行仍然有能力补救信用卡业务，毕竟它有深厚的客户基础。美洲银行将信用卡业务转移到贷款部门进行管理，整理分类已有的信用卡用户，增加某些人的信用额度，削减另一部分人的信用额度。1965 年，美洲银行开始和其他银行联合，从加利福尼亚州向全美扩张信用卡业务，因为州与州之间的银行监管使他们无法独自在全国扩张。到 20 世纪 60 年代末，信用卡业务已经走向国际化，比如英国的巴克莱信用卡（Barclaycard）。美洲银行在 1970年停止了对信用卡业务的控制，1975 年信用卡网络更名为维萨。

威廉姆斯领悟到，必须有所付出才能让信用卡吸引顾客。他采取的办法是把信用卡发给所有的申请者（甚至在初期发给没有申请信用卡的人），而这一办法成了他的职涯毒药。建立平台的方式有很多种，如同美国运通在 1957 年发行运通卡，或希尔斯在 20 世纪 80年代中期发行美国发现卡，即使是在同一个行业中，快速启动一个平台也有大量不同但都非常成功的方式。美国运通和希尔斯都聚集起了商家和购物者，却没有损失 2,000 万美元。

美国运通 1850 年起家于纽约州水牛城的邮件特快服务。它在 1882 年开始从事汇票业务，随后公司 CEO 在欧洲夏季旅行途中因无法获得现款而受到启发，于 1891 年开始提供旅行支票服务。美国运通在全国包裹特快服务上一直承诺快速送达，并因此积累了声誉，新的业务很快也因时时为客户着想而声名在外。此后，第一次世界大战期间，美国运通的欧洲分公司为滞留在欧洲的美国人提供了大量帮助，这样它又因为提供豪华且讲究实用的客户服务而名噪一时。人们在国际旅行的时候，关注的是洲际快运包裹运输和手里有现款，当时美国运通这一独家的客户基础足以令人称羡。

美国运通卡（Amex）在 1957 年开始发行，一共发行了 25 万张。美国运通卡能够成为平台，关键是它选择利用自身的排他性和高标准来吸引市场双方。不同于免费发放的信用卡，美国运通卡每开立一个账户收取 6 美元，比它的竞争对手就餐俱乐部（Diners Club）的大来卡多 1 美元，同时向商家收取的费用比购物者又多一些。很多人愿意为了美国运通卡的高资本净值和高信用客户群体付费。在等式的另一边，美国运通为客户提供激励和服务，后来又提供分层服务。美国运通卡在 1984 年推出金卡，随后又推出了铂金卡和其他卡，每一种都有很高的年费（以及更高的福利）。拥有美国运通卡已经成为地位的象征。旅行支票是针对大众的，信用卡则是独家的。但是它们都建立在同一个平台上，这个平台是由美国运通的客户和使用美国运通卡的顾客共同形成的。

西尔斯的美国发现卡（Discover Card）则完全相反。起初，西尔斯想发挥其美国最大零售商的优势，在商店里只接受发现卡，以此来推广发现卡。但事实证明，这根本不足以迅速推广发现卡，于是西尔斯付费给客户使用发现卡。

发现卡不仅不收取年费，还给持卡人返还奖金，基于信用卡的使用频率，将人们的花费按照某个百分比返还到账户中，这在当时是一种新颖的想法。西尔斯向商家收取的费用比竞争对手低很多，以此来吸引其他零售商（这些商家可能不愿意使用西尔斯的产品）。于是发现卡成功了，非常受欢迎，很快其他信用卡平台也竞相提供类似的服务。

美洲银行、美国运通和西尔斯要解决的是同一个问题：建立一个信用卡平台，连接起一端的某类消费者和另一端大量的零售商。不过他们最终实现的方式有些微妙的差异。构建平台的过程中选择什么样的规则非常重要，成功的道路也有许多种。

在其他行业中设计平台也存在多样性，一些视频游戏系统，比如任天堂（Nintendo）、世嘉（Sega）和索尼（Sony），会向开发者收取固定费用，同时向他们的产品收取版税。但是微软为了加快产品开发，不收取固定费用，只收取版税。谷歌和苹果则是移动平台（安卓和 iOS）的市场竞争对手，他们争夺的是同类的 App 开发者和使用者。

你需要明白，你在电子商务平台的竞争中只是一个不知情的参与者。因为知道这一点，可以帮助你在这场竞争中深思熟虑，做好选择，并理解构成"好"平台的元素。这些经验并不显而易见，我们将在下面看到，如果理解错了平台存在的因素，公司的命运将风雨飘摇。

平台建设者也是网络警察

经济学家让·梯诺尔（Jean Tirole）做了很大的努力来规范我们对双边市场的理解，他在 2014 年获得了诺贝尔经济学奖。[10] 在经济学方面，梯诺尔以其高产和令人难以置信的清晰思路而著名。据他的一位学生所言，梯诺尔的论文都是自己手写的，然后由他的助手输入、打印出来。他的手稿也没有删改，他在写作时脑中就已经有了成型的观点。梯诺尔从 1996 年开始任职于法国图卢兹经济学院，学校的研究生都开玩笑说，梯诺尔的地下室肯定有一打小让·梯诺尔，不然他怎么能这么高产呢。

梯诺尔写过一本关于产业组织的书，这个领域旨在理解为什么市场以其现有的形式组织起来，也就是为什么有些产业由两个主要的参与者组成（如可口可乐和百事可乐），还有些产业则更接近于肯尼斯·阿罗的完全竞争理想。你可以思考一下微软或可口可乐这类公司在努力保住他们的唯一地位时可能做出的战略选择，而开明的政府此时肯定会选择一些监管决策来阻止他们，此时你就会遇到上面这个问题。尽管距梯诺尔的《产业组织理论》（*Theory of Industrial Organization*）出版已经过去了近 30 年，它仍然是这一专题的标准参考，在谷歌学术上的引用超过 13,000 次，教科书类的引用从未达到过这个水平，它的引用率甚至是保罗·萨缪尔森的经典教材《经济学》（*Economics*）的两倍，而后者出版已经 50 年了。[11]

梯诺尔获得经济学奖的理论是战后经济学发展趋势的象征，这一趋势始于乔治·阿克洛夫发表柠檬市场的论文，并由后继的理论家继续发展，使模型不断适应环境。因此，我们很难将他的作品简化为适合在媒体上发表的摘要。正如评委会宣布他获奖后，他对《纽约时报》的本雅明·阿佩尔鲍姆（Binyamin Appelbaum）所说的："很难总结我和我同事的贡献……普通人管理支付卡的方式跟管理知识产权或铁路的方式毫无关系。"[12]

梯诺尔的获奖也体现了，经济理论正越来越多地侵入经济学家研究的市场运行中，因为经济学家已经开始为硅谷的公司提供建议，并为政府设计医疗交易所和频谱拍卖方式。尽管梯诺尔的知名度不高，但是他的建议受到了他作为研究对象的那些公司的追捧：对于商人来说，和一个能够将复杂情况条分缕析的人交流将受益匪浅，不管这种分析是用代数的形式还是用文学叙述。梯诺尔那些运用大量数学的学术论文已经成为电信网络监管政策的基础。

梯诺尔还关注信用卡管理问题，随后这种关注转变为一系列论文，这些论文旨在更广泛地理解双边市场：考察双边市场为什么会存在，是哪些因素令它们不同于单边市场以及维萨和美国运通卡这类竞争平台如何在各自的市场中争取两边的客户。这些论文还为双边市场的建设者和管理当局提供了一些指导性原则。

梯诺尔研究平台的出发点是一个参与者无法找到对方的双边市场，因此如果没有平台，参与双方将无法达成交易。[13] 如果他们能够达成交易，那么他们也就不需要平台提供的服务了。

多数情况下，做市商处在无法达成一致的市场各方之间，作为裁判、调解员、担保人，有时候甚至扮演警察的角色。如果做市商工作到位，市场双方将更多地进行合作，并且更高效。香槟郡的管理者要确保普拉托的商人拿到报酬，其他交易者会注意到这一点，而香槟郡集市将因此繁荣发展。类似地，成功的互联网平台，如易贝、优步和亚马逊，也找到了使交易顺利进行的方式，并且在交易不顺利时充当仲裁者。优步用它特有的算法来进行管理，使司机和乘客匹配。

做市商可以从平台各方筛选出不受欢迎的东西，但是在易贝和优步上，这些工作往往被推给了平台参与者。平台管理者鼓励顾客给出反馈，因为理论上来说，运用众人的智慧能够解决所有问题，也解决了信息不对称的问题——乔治·阿克洛夫曾在 1970 年认定这一问题是市场有效运行的大敌。

于是，那些在前互联网时代无法找到可靠供应者的商品或服务，如今也有了各种各样的匹配平台。

如果阿克洛夫在 20 世纪 70 年代想翻新房子，他就不得不去找一家伯克利地区的承包商，而且承包商必须具备合格的技能，有足够的时间，且为人可靠、要价公平，不会敲掉几面墙之后突然抬高价格。此外，还有很多无形的东西，例如承包商会不会把屋子踩得到处都是泥巴，或在打开的窗户旁边抽烟，顾客很难就这些东西签订或执行合同，正如我们的一位朋友所说，如果你需要重提合同，那说明大错早已铸成。

在前互联网时代，你可能会咨询朋友或家人的建议，但是选择也会相当狭窄。黄页帮不上什么大忙，上面只列出了可以选择的公司，广告可能是一种标志，表示打广告的公司是一个成功的企业，至少他们有足够的收入来打广告，但这是一个非常弱势的信号。你可能会从顶端开始选择，但是你真的能够因为某个公司的名字是 4A 开头，就相信它能提供 AAAA 级承包服务吗？

市场的不透明让外行的房主很难预测装修开始后会发生什么，毕竟家装承包商一直以来都是一个声名狼藉的职业。每个人都有糟糕的经历，或至少知道其他人的一些糟糕事例。如果你没有，可以去 contractorfromhell.com 网站，上面有很多装修经验，从无用的计划、成本超支、管道泄漏、房顶坍塌到工艺低劣等。还有一位有糟糕经历的人反对雇用直接打广告的承包商，这就好像如果一位律师在广告牌和地铁广告中吹嘘自己在深夜电视购物节目中赢了百万美元的购物金，不管是不是有退款保证，你都不会打电话给这样的律师。

于是就有了 Angie's List 这样的双边平台，这家在美国国家公共电视台（NPR）上无处不在的广告商将寻找承包商的屋主和合适的承包商联系起来。

我们当然不能声称 Angie's List 已经把装修变成了一个不存在摩擦的过程，但至少可以说它改善了装修过程。客户可以对雇用的承包商进行评价，这就意味着即使你不认识这些水暖工人，但至少可以了解到这些水暖工技术如何、速度如何，以及对情形的专业判断是否准确。而你也能够知道这些装修工人有没有把客户的家里踩得到处是泥巴，有没有在客户的盥洗室里抽烟，因为 Angie's List 会告诉你，只要你付一点费用。本质上，在完美市场的无摩擦世界之外，中介能在市场参与双方之间发挥巨大作用。[14]

阿克洛夫、斯宾塞以及许多其他信息经济学家都关注信息不对称，然而自由市场的许多传道者认为只要技术不断精进，反馈算法不断细致，信息不对称问题将会终结。自由主义派的卡托研究中心网站上有一篇文章最近大肆宣扬市场正在接近"信息不对称的终结"。我们对此表示怀疑。他们面临着一些非常棘手的信息和实施挑战，我们尚不能确定这些技术乌托邦的倡导者是否会成功。

然而，不论是中世纪受了委屈的纺织商人，还是 20 世纪 80 年代心怀不满的屋主，都无法减轻 21 世纪为人父母者的焦虑。父母在雇用保姆时，可选择的范围很狭窄，要么是邻居家的孩子，要么是朋友家的亲戚或有担保的保姆服务，这导致了保姆市场的极端无效率，Urbansitter 和 Care.com 这类保姆服务平台认为，进行背景调查，接受客户反馈，并通过社会网络连接保姆和客户，有助于人们放心将孩子交给素未谋面的保姆或家政。但是你会放心吗？

会，也不会。笔者自己也是保姆服务平台的客户，我们可以证明，只要登录这些平台，就会看到极其丰富的选择，让人目不暇接。将搜索缩小到正在寻找兼职的波士顿大学的学生，居住在某个区域的 1 英里之内，仍然有几十个选项，每个选项都有一个资格简述。

那么客户评价呢？虽然有，但作用不是很大。我们一直通过打电话给证明人求证、面试等方式收集软信息，以此确定要不要信任此人，这一做法从十几年前我们第一次雇用保姆开始就没有改变过。

尽管存在不完善之处，保姆服务平台的出现对于实体保姆中介服务公司来说仍然是个坏消息，后者的业务必然受到影响。但是，不论中间人如何勤奋，真的能克服望子成龙、望女成凤的"直升机父母"的焦虑吗？我们对此非常怀疑。信息不对称真的终结了吗？信息不对称永存。

网络外部性

如何设定价格？这样的计算在平台上比单边市场中更复杂，因为它由经济学家称之为网络外部性的因素定义。网络外部性即一个人购买的物品，对于其他潜在的购买者而言更有价值。[15]显然，食品百货不属于这类商品：我从一盒奥利奥中感受到的快乐，不会受你愿意花钱买奥利奥、巧克力饼干或羽衣甘蓝的影响。但是，对于电话来说，情况就不一样了：除非至少有另一个人也在使用电话，否则我的电话毫无用处，并且随着电话销售数量上升、电话网络扩张，我的电话将会越来越有价值。因此，每一个购买电话的人都在创造价值，不仅是为自己，也是为了已经拥有电话的人。

这种情况至少对网络化企业的运营方式有两种影响。第一种，公司规模越大，它给每一位联网顾客提供的价值就越大，扩大客户基础将带来巨大的溢价。因此，比起销售非网络化产品（比如奥利奥）的公司，平台会愿意设定更低的价格。上面提到西尔斯为了推广发现卡，免费发卡，甚至给客户返还消费金，如果你回过头思考一下，这一点非常古怪。

梯诺尔对平台的见解之一，也是对普通人来说最明显的影响，那就是双边市场在很多方面都是网络外部性的一个特例，一个在平台两边都能起作用的网络外部性。这就导致了双方的境遇极其不同，如果不理解平台经济学的基础知识，我们会对这种差异充满神秘感。

比如，很多搜索引擎为了保持自己在市场上的首要地位，在研发、运算架构和打广告上付出了巨大代价。为什么你却能够免费使用搜索引擎呢？原因当然是更大的用户群能够让搜索引擎从市场的另一边，也就是购买搜索条目的广告客户那里收取更高的费用。但是在这种情况下，将更多付费广告放入搜索结果中却不能提高客户体验。因此在搜索引擎这个平台上达成交易时，市场各方付出的代价差距很大。

这种情形在双边市场中非常普遍。许多信用卡公司不向持卡人收取费用，甚至会给予他们折扣，而商家却要付一大笔钱。购物中心是一个早期的双边市场，向租户收取租金，同时提供免费的停车服务和其他服务来吸引购物者。

除非你理解其中的逻辑，不然你会觉得有时候平台收费的方式看起来非常不合常理。购物中心向大商家收取的费用比小店铺少，因为没有这些大商家吸引顾客，购物中心就无法存活。或者思考一下，一家当地酒吧要办一个女士之夜（虽然女士免费存在歧视）。酒吧发现男性最看重被大群女性包围，女士之夜是酒吧确保有足够的女士吸引男性顾客的方式，这些男性会很愿意为此花钱买票进场。你可能会觉得这种情形应该受到监管（不应该有歧视性定价），但是如果不利用这种显而易见的差别定价，单身酒吧可能会陷入经营困难。

正如哈佛大学商学院教授本·埃德尔曼（Ben Edelman）所说，有些平台甚至具备令人惊叹的技巧让非客户掏钱。他们究竟怎么做到的呢？实际上，你可能已经在过去一周中做过十几次这样的事了，只要你在接受信用卡的地方支付现金，你就是在补贴信用卡用户。因为大多数零售商对所有交易收取相同的价格，不论是用信用卡、借记卡还是现金付款，也不论是收取高额年费的美国运通卡，还是低年费的维萨卡、万事达卡或发现卡。零售商可能想对使用高佣金卡的交易多收 3%，但是他们没有这么做，反而向所有客户收取了"混合"价格。[16]

你觉得信用卡公司是唯一这样做的吗？再仔细想一想。互联网已经赋予好几十家企业同样的特技。在线预订平台 OpenTable 向用餐者提供现金奖励，同时向餐馆收取额外的费用；在线旅游预订平台 Expedia 向用户提供奖励积分，但是你在该平台上购买机票和在航空公司的网站上购买价格是一样的。这样的例子还有很多。

对于消费者来说，这听起来似乎是很棒的事，毕竟航空公司、餐馆和商店出钱，消费者享利。但你再仔细思考一下，随身携带现金，用现金付账就能让价格比现在便宜 3%，这样难道不比从维萨拿 1% 的奖金返还更好吗？埃尔德曼教授也是一位受过培训的律师，他认为这不过是做市商在他们的平台上权力过大的例子之一。这样的做法激发了信用卡发卡机构的过度竞争，并且这种竞争集中在提供回扣的环节，而不是降低零售商的费用。在这个过程中，消费者的境遇将更糟糕，因为他们在使用现金还是使用信用卡上的选择权被削弱了。总的来说，埃尔德曼认为，如果平台能够阻止市场的一方或多方强势参与者，社会将变得更美好。信用卡公司不会自发地这么做，毕竟如果你能从非客户那里获得收益，绝对是非常值得去做的副业。在许多双边市场中，政府监管机构有责任在做市商的巨大权力之下起到统治作用。[17]

信用卡市场也表明了为什么平台普遍对各方参与者不公平。虽然信用卡交易双方彼此需要（如果商家不接受信用卡，信用卡就毫无用处；而如果购物者不使用信用卡，读卡器就是浪费钱），但是对于同时争取这两方的平台来说，双方在与平台的谈判中拥有完全不同的市场权力。你可以刷不同的信用卡消费，因此商家倾向于接受客户使用的任何信用卡。按照平台的说法，商店总是和多个信用卡合作，是多归属（multihoming）用户。

但是消费者会在激烈的平台竞争中选择其中一家。许多人可能拥有多张信用卡，但是往往只有一张默认的信用卡会经常用来购物。消费者都是单归属（singlehoming）信用卡用户。

如果只有双方都参与时双边市场才有用，那么争夺单归属用户的竞争将非常激烈，因为这些单归属用户会在竞争性选项中，如不同的购物中心、信用卡等，选出能实现最佳交易的那一个。至于多归属用户，他们会和所有人签约，平台也会意识到吸引多归属用户毫无难度，多归属用户会给他们使用的所有平台交费。

平台这门生意

也难怪商业世界都在嫉妒平台。平台所有者只要选对了合适的领域，并制定了合适的规则，就自然而然能够赚大钱。只要平台持续地达成交易，规则框架明确且有效运行，网络外部性会促使所有市场交易者在平台上进行交易，而平台只要坐着数钱就行了。你每一次使用优步、爱彼迎，它们都要收一笔费用，而只要谷歌的网络搜索算法质量有保证，它的搜索广告业务就是开动的印钞机。

这有助于解释为什么风险投资家什么都投：遛狗、购物、送货、二手车买卖、新车买卖、洗衣服务、房屋清理服务以及家政服务。

但是如果所有人都意识到拥有平台有利可图——平台看起来如此并且有一些平台确实日进斗金，那么就会存在激烈的竞争，就看谁最终会胜出，取得统治地位。这也是为什么潜在的平台需要风险投资基金进行几百万的前期投资，除了开发产品，他们还需要花费大量资金争取客户基础，以此作为网络业务的基础。比如贝宝刚开始会给每一位注册的新客户 10 美元，推荐别人注册还会得到更多奖励。

没有人比索尼更清楚这一点。20 世纪 80 年代，索尼的盒式录像机系统（Betamax）输给了家用录像系统（VHS）。21 世纪初，索尼凭借蓝光技术曾有机会与东芝的高清 DVD 在高清数字视频设备上一较高下。这两种视频系统在回放和录制质量上平分秋色，就看哪家公司能够建立一个足够庞大的视频库和用户基础来平衡自己的利益，从而开启良性循环——从更广泛的应用到更优秀的产品（从赢家的角度看）。

双方都花了大量的时间想要脱颖而出。索尼将蓝光技术应用在其最新发布的 PlayStation3 视频游戏控制台上，来保证已有的客户群体。东芝向微软支付使用费，将高清 DVD 播放器应用到 Xbox 360 游戏机中，来和 PlayStation 正面竞争。尽管百视达（Blockbuster）在背后支持蓝光（这家如今已经倒闭的公司在当时的支持确实起到了很大的作用），东芝据说给派拉蒙（Paramount）和梦工厂（DreamWorks）这两家电影制片厂支付了 1.5 亿美元，来保证高清 DVD 独家发行电影。

双方都花费了大量的资金，采取一系列行动和反击。天平最终倾向蓝光，接连有电影厂认为不值得再去发行高清 DVD，因为蓝光格式已经被广泛接受。然而，虽然索尼赢得了 DVD 市场的控制权，但是能够从中获得的利润早已被投入到这种市场统治权的争斗中。

更糟糕的是，他们专注于 DVD 战争，忽视了一场更大的技术变革——视频流，这一技术终结了 DVD 业务。实际上，2008 年年初东芝停止生产高清 DVD 之时，亚马逊、Tivo 和苹果已经开始了流媒体电影业务，微软的比尔·盖茨表示蓝光和高清 DVD 的格式之争已经无关紧要，因为"一切都将变成流传输模式……从某种意义上说，规模到底有多大还很难说"。

为香槟郡干杯

从上文的分析中，我们可以将香槟郡集市看作一个平台，而不是一种单边市场。当然，香槟郡伯爵没有参与设计这样一个平台，但是他本能上保证了这个集市成为一个平台。而且他做得很好：香槟郡集市蓬勃发展了近一个世纪，主要得益于他在中世纪的明智选择，让集市成为一个平台。

香槟郡伯爵这么做不是出于好心，集市能带来巨大的财富，使他们能够赞助十字军东征圣地，鼓励圣殿骑士团的建立。他们于是有大量的时间写写诗歌，或追求其他宫廷艺术，他们甚至招待了当时最负盛名的艺术家。

香槟郡伯爵本能地知道怎么做才能使这个平台集市运行。他避免向特殊利益集团出售特权，相反他为每个人提供制度保证。他制定了公正的法律，并在多个层面上执行，甚至如我们所见，通过其他统治者（如伦敦市场）来执行。到 1170 年，香槟郡伯爵建立了公正的监督员来监督市场并见证合同签署。他在集市上设立了四级法院来解决纠纷，确保合同执行。法院具有罚款、没收、禁止和监禁的权力。

香槟郡伯爵还为公平的参与者提供广泛的保护和安全。他为集市上的行商建立了医院，并围绕集市建立了防御工事，因为集市对于盗匪和不法分子来说是一个诱人的目标。伯爵的保护范围甚至包括参展的商人。早在 1148 年，一位法国贵族抢劫了来自维泽莱的放贷者，香槟郡伯爵写信给法国王室，坚称放贷者的损失必须赔偿。到 1220 年，这样的保护延伸到了意大利。

伯爵甚至为贷款做保证，并降低市场费用，来吸引其他群体（如教会）参与，这就像信用卡付费吸引客户使用信用卡，企业和商场所有者给商店折扣，并因此吸引更多的人流量。伯爵还鼓励使用公证票而不是现金来结清所有的债务和信贷，以便商人在商旅中可以不用携带大笔资金。

香槟郡伯爵有很强的动机不去偏袒某一方，确保规则公平实行，这也是集市具有吸引力的原因。这一作法使香槟郡的中世纪商业形成了良性循环：知道集市将会在很长时间内存在，参与者会努力树立公平交易的名声；同一批集市参加者会反复会面，因此骗子和无赖众所周知。伯爵明智地制定了规则，将有助于保证集市的必要参与方在第一次参加后还会持续来参与集市。

这些规则解释了为什么伦敦的商人如此迅速地屈服于集市管理者的要求。退出这个集市相当于被亚马逊列入黑名单，而这个中世纪的集市和亚马逊网站一样，是你获得顾客的唯一途径，可见企业运行的环境没有差很多。被集市拒之门外或被亚马逊列入黑名单是毁灭性的，企业将会因此崩溃。

然而，尽管香槟郡伯爵制定了正确的规则，但集会最终还是终止了。它受到太多外部因素的影响，特别是战争使得这些规则大打折扣，还要加上一个短视的法国王室，这些都导致了香槟郡集市这一平台的解体。

当短视的法国国王开始巩固他的权力，伯爵就丧失了对香槟郡的控制权。国王更关心从商人那里快速地攫取钱财，而不愿意投资于一个健康的长期集市。比如国王开始出售特别经营权，使得富有的商人能够不受市场公平规则的约束（相当于亚马逊向卖家收钱，给予付费的卖家欺骗客户的权力）。国王还偏袒王公贵族，允许他们逃避费用和司法监督。所有这些做法打乱了促成香槟郡市场繁荣的微妙平衡。

1297 年，法国与弗兰德斯（一个参与集市的重要群体的所在地）的战争使得商人的旅途凶险万分。这场战争还允许他人毫无顾忌地侵占弗兰德斯布商的利益。随后的一系列战争（包括始于 1337 年的百年战争）不过是让形势更加恶化，随着贸易路线的转移，集市早已复原无望。

对于现代平台来说，可以学到的教训是，贪婪植下了自我毁灭的种子。法国国王短视地剥削集市中的商人，这样的情形到了现代仍然随处可见。一旦在买卖双方之间拥有了关键性的地位，做市商将无可避免地面临诱惑，去利用这一关键地位牟利。优步一直被指控引诱司机投资购买新车、使用汽车共乘平台，还从司机的收费中收取一笔费用。亚马逊也是臭名昭著地压价很低，动了很多第三方卖家的午餐，这些第三方卖家往往都有一款爆品。

这些发现来自哈佛大学的研究人员朱峰和俄克拉荷马大学的刘其宏对亚马逊畅销产品的分析。他们表示，在一小部分案例中，亚马逊开始自己采购产品。这也正是杰夫·彼得森（Jeff Peterson）的公司 Collectible Supplies 的命运，它曾用 29.99 美元的宠物抱枕（基于美国大联盟的吉祥物的一系列毛绒玩具）冲击了亚马逊的钱途。[18] 2011 年，这家公司刚开始每天能售出 100 多个宠物抱枕，但是随着购物季的来临，公司的销售量却下降到每天 20 个。快速搜索是一个原因。亚马逊自己的宠物抱枕业务也非常兴隆，价格低于 Collectible Supplies。彼得森尝试降价，但是亚马逊作为它的分销商和竞争对手，很快就能把价格降到同样低。

朱峰和刘其宏发现，当亚马逊开始和它的第三方卖家一同竞争，第三方卖家就开始从亚马逊上迁移，让自己不再受冷酷的互联网恶魔的支配。如果有足够多的卖家这样做，亚马逊独占的互联网商务就会开始崩溃。根据朱峰和刘其宏的计算，出于这样的原因，亚马逊仅选择了 3% 的畅销产品。亚马逊的管理层认为，这样做可以平衡小型零售商这一对平台至关重要的业务和第三方平台以外能够增加公司利润的其他业务。[19]

探索与利用平台

有时候，平台企业的创业者会让你相信，他们是在利用商机：为缺失的市场提供技术解决方案，让你我的生活更美好。但是，至少有部分亚马逊的商家和优步的司机会反对，平台利用的可不止这些。

在一定程度上，双方都是对的。对于周六夜晚在湾区郊外想打车的人来说，优步肯定是非常棒的发明。但是如果公司对用户掌控了一定的权力，它们往往会倾向于滥用权力。无论是要避免平台狂热者的愿景走向极端，还是避免屈从于技术恐惧的批评者，最好的开端也许是理解平台运行的逻辑。

Markets Without Price

How to Find a Prom Date in Seventeen Easy Steps

如果
市场中不存在价格

快速在毕业舞会中找到舞伴的17个简单步骤

如果可以，回到八年级舞会。在昏暗的体育馆里，一群尴尬的男孩看着另一群同样尴尬的女孩。我们那个时候，从扬声器倾泻下来的第一首慢歌是警察乐队（The Police）的《你的每一次呼吸》（*Every Breath You Take*）。

　　啊，中学舞会。它捕捉了青春萌动的所有痛苦和焦虑。但是剥去荷尔蒙的躁动、面部稀疏的毛发和笨拙的舞步，这实际上就是一个市场，男孩和女孩竭力寻找舞伴的市场，而合适的舞伴显然很少，是稀缺资源（我们知道这样的场景只包含了异性恋的情况，不过暂且如此类比）。

　　市场参与者可能不是这样子的。但是，每一个有自我意识且怀揣不安的13岁青少年，脑中都会盘旋着一个永恒的问题："他（她）喜欢我吗？"在人生的这一刻，被拒绝以及随之而来的公开羞辱，往往会让中学舞会市场崩溃。

　　你可能在等待中学橄榄球队的队长邀请你跳下一支舞，但是科学课上那个温柔笨拙的男孩阿尔伯特在角落里鼓起勇气，先向你发出了邀请。你是否应该和阿尔伯特跳一支舞呢？或者和更酷一点的人跳舞？但是这样等下去，也许就落单了。可见，寻找舞伴非常复杂。

过去，经济学家可能会忽视这类问题，因为它远远超出了这门学科的范围（尽管几乎所有经济学家都经历过舞会中的存在焦虑，而且往往是阿尔伯特这个角色）。在经济学专业领域中，经济学家在思考资源分配时，关注的是两个极端的选择：市场价格或专横的管理者和官僚。

价格机制不适合用来解决中学舞会的舞伴匹配问题。如果适用，舞伴就可以通过付费购买，你肯定马上就能看出花钱买约会对象存在很大的问题。而苏联式的中央计划委员会也解决不了这个问题，因为委员会由谁组成本身就是一个问题，是受欢迎的孩子、校长还是放不下心的父母？

中学舞会需要进行市场设计的改造，而这样的改造不是信用卡或优步这类做市商能做到的。在价格或金钱发挥不了作用的情况下匹配资源和需求，要求我们发展不同类型的经济模型，重新思考市场设计的意义。

无法定价的商品

虽然自由市场带来了效率，但是有很多事物我们无法给它们定价。透析患者在器官移植等待名单上的排序不能用钱买到，公立学校也不能将幼儿园的入学机会卖给出价最高的人。并且上帝禁止我们用价格机制控制约会市场。

当我们认定某些事物是"无价的"，也就是说我们不允许基于价格来交易这些事物，这时世界就像一个个苏联的缩影，由委员会来分配资源，而商品和服务的供应就基于这些分配决策。如果价格委员会明智且信息充足，他们会做出好的决策。但是莫斯科人拿到的很多东西都不是他们想要的，而他们想要的东西却供应不足。

前面已经提到价格体系不一定能保证好的结果，比如价格信号在次贷市场中的影响，这一点可以询问雷曼兄弟的投资者。同样，价格的缺陷也不必然意味着低效。

无论是在中学舞会上寻找舞伴、约会、入学申请，还是肾脏移植，人们有很多方式来表达自己的偏好，并根据自己的需要和欲求来决定谁获得什么，这些方式都与市场类似，市场价格只是其中之一。在许多情况下，价格真的非常有效，因为价格反映了某一种选择高于另一种选择，以及这种偏好有多强烈。但是，如果不是通过中央计划人员或市场的魔力，这些偏好如何转化成资源配置呢？

从某种意义上说，市场设计领域在经济学中新奇却不实用。它不考虑价格和市场在完成某项任务时的有效程度（以及如何干预传统市场以使其更好地运行），而是以任务为开端，寻找完成任务的最佳方式。

它让经济学家不再局限于传统的思维。思考一下，假设你想帮助人们安全快速地穿过纽约东河，从布鲁克林到曼哈顿，传统的经济学会假设只有两种方式：桥梁或渡轮。机制设计则会想象一系列可能性，比如索道、弹射器、运输车等，然后指出最合适的一种。

从技术角度来讲，这就是所谓的约束最优化，维克里正是运用这样的技术确定了滑轮滑到哥伦比亚大学是最佳通勤方式。机制设计者会考虑各种约束，这些约束来自法律、人的本性、人的是非观，以及肾脏移植病人、入学申请人和其他争取健康器官和好学校的人的策略构想。他们会设计一个机制，以便在所有这些约束之下，最大限度地满足社会的需求。

这种经济学更像工程学或管理系统，而不是物理学。

为中学舞会设计机制

在学校舞会上匹配女孩和男孩似乎不是一个急需解决的社会问题，虽然在舞会参加者看来这个问题很紧迫。但是我们可以将它作为一个例子，来反应各种真实且重要的匹配难题，比如实习医生与住院医师培训项、有抱负的律师和律师助理、小孩上学、器官移植等。每一种情形都有它的特质。学区通常希望兄弟姐妹都上同一所学校，实习医生与实习医生结成婚姻后更希望在同一个住院医师培训项目中受训（或至少在同一个城市），等等。在学校舞会上，男孩和女孩要结成一对一的舞伴，而入学和住院医师培训项目都涉及一对多的匹配，每一个医师培训项目都从市场的另一方招收一名以上的候选人。[1]

虽然每一种配对都有其复杂性，但是解决这些匹配问题的方式都建立在一个相同的基本机制之上，1962 年发表在《美国数学月刊》（*American Mathematical Monthly*）的一篇论文就提出了这一机制。波士顿、巴黎和上海的学生如何与学校匹配，医院如何招录住院医师以及空军学院的毕业生如何分配，要理解这些问题背后的基本思想，最简单的方法就是回到中学体育馆，找到一种更好的方式来匹配男孩和女孩，让他们开始第一支舞。[2]

红娘沙普利

1962 年，数学家罗伊德·沙普利（Lloyd Shapley）还在兰德公司工作（第 2 章我们提到兰德公司和考尔斯基金会曾一起推动了"二战"后的经济数学化）。沙普利喜欢花时间思考舞会上的男孩女孩匹配问题，而不是错综复杂的冷战形势。我们应该庆幸兰德公司给了他这样的自由。

沙普利出生于一个科学家家庭，他的父亲是一位杰出的天文学家，认为太阳（以及人类）位于银河系的边缘，而不是以前认为的银河系中心，并因此闻名于世。

对于沙普利而言，数学非常简单。据他自己说，和年长他 4 ~ 6 岁的哥哥们相比，他在数学和逻辑难题上的表现毫不逊色。沙普利后来成为哈佛大学一名成绩优异的数学专业学生，虽然他的学生生涯在第三年，也就是 1943 年，因为征兵而打断。军队将他派到中国中部担任天气预报员。沙普利的工作要求他至少提前 3 天预测天气是否适合美国飞机向东空袭日本。事实证明，要做出这样的预测非常困难。冷锋来自西伯利亚，苏联却不允许美国联军使用他们的气象数据。因此沙普利破解了苏联的气象电码，他也因此获得了军队第四等个人荣誉铜星奖章。沙普利的儿子回忆说，沙普利曾说比起荣誉以及随后晋升为下士，更重要的是月薪提高了 4 美元。[3]

战争结束后，沙普利回到哈佛大学完成了学业。但是他已经偏离了原本的路线。沙普利仍然是一流的数学家，也仍然喜欢破解数学谜题，但是他不清楚这些兴趣会将他带往哪里。不过有一件事他非常确信，那就是他的兴趣不是为了让他从数学专业毕业，虽然他暂时还不能离开数学领域。

沙普利转向博弈论领域是一种巧合。他为了考察自己的长期愿望决定拖延一段时间，于是投了一些简历，包括他平庸的成绩单（实际上，沙普利延迟了一年才从哈佛大学毕业，虽然他数学成绩很完美，但是大学不会给两门科目不及格的学生颁发毕业证）。其中一份简历投了兰德公司，按照沙普利的说法，对于一些"不想按时上下班或休息，只想按自己的步调行动"的学者而言，这是一个非常适合的地方。显然这也解释了为什么沙普利在哈佛大学的成绩很差。

当时兰德公司刚刚启动了一项着眼于军事战术和武器的远期规划。据沙普利说，军方决定："不要给他们任务，就给他们钱，让他们自己开拓一些新问题，然后跟我们说一说。"这种开放式的委托让他的老板能够雇用一些"疯狂的数学专业学生"，比如沙普利，甚至不需要经过面试。这也让兰德公司的研究人员对自己的时间有很大的把控权。

研究人员认为深入研究博弈理论可能会很有趣。博弈论是数学的一个分支，一直被社会科学家用来理解多个参与者之间的相互作用，比如 20 世纪 50 年代的美苏冷战阴谋。

　　沙普利说，兰德公司从来没有让他做一些战争博弈的东西。兰德公司承诺让他做自己想做的事，当然也要论证一些重要的博弈理论概念。后来沙普利去普林斯顿大学读博深造，研究博弈理论。他的著名论文题目就是"可加性与非可加性的函数集合"（Additive and Non-Additive Set Functions）。沙普利获得博士学位后绝对能够获得一个顶级学术职位，但是沙普利回到了兰德公司，因为在兰德公司他可以专注于自己的工作，而不用因学生或授课而分心。

　　沙普利仍然和普林斯顿的同学保持联系，比如在布朗大学教书的戴维·盖尔（David Gale）。沙普利和盖尔定期通信交流，因为当时电话还很贵。一天，盖尔寄来一封信，信中描述了舞会上男孩女孩匹配的问题。在盖尔的模型中，这个问题还包括在两个群体中进行室友匹配。盖尔在信中发问，是否能够形成一组"稳定的"匹配，并且基于这种匹配，男孩和女孩不会因为其他潜在的舞伴而爽约。盖尔认为这是不可能的，而沙普利则表示不确定。沙普利还记得他在一个中午打开了这封信，他略做思考，写下了解决方法，当天下午他就写好了回信，寄往盖尔在普罗维登斯的办公室。

中学舞会上的延迟接受

　　两位数学家一起提炼了沙普利的回信，写了一篇题为"大学入学与婚姻稳定"（College Admissions and the Stability of Marriage）的论文。就跟所有真正的独创性思想一样，这篇论文最初也遭到了权威人士的拒绝，审稿人认为文章太简单了。某种程度上，这一评价是正确的。正如沙普利和盖尔在开头解释的,他们的论点"没有使用数学符号,而是用最简单的英文,因此不存在阅读障碍或技术术语,也不需要具备微积分知识。实际上,人们即使完全不懂数学也能看懂这篇论文"。

他们的解释差不多是这样的(盖尔和沙普利在论文中的原始解释要复杂得多):让我们回到中学体育馆,假设按照社会习俗,男孩会问一些问题,女孩回答是或否。在开始之前,我们会让每个女孩按照自己的想法,列出她们在选择男孩时的优先顺序,从最期望的舞伴开始。男孩也以同样的方式排列女孩。

现在,我们开始匹配。男孩选择最心仪的女孩,并站在他最优先选择的女孩面前。这样一来,有些女孩会有很多追求者,还有些女孩可能会落单。接着,有超过一名"追求者"的女孩选择她心仪的男孩,并排站在一起,这名男孩就是女孩的候补人选。

此时,很多男孩都会被他们的第一选择抛弃,他们会审视名单上的第二选择,并站在第二选择的女孩面前。记住,这时很多男孩面临的结局是女孩已经有舞伴了,也就是前一个步骤中女孩选择的候补人选。如果女孩的新"追求者"中有比候补人选更好的人,女孩会调换人选,把原来的候补人选重新推入"市场"。

我们重复这一过程,没有匹配的男孩按照自己的排列顺序站在女孩面前,而女孩一直有一个候补人选,并等待最符合自己心意的男孩出现。这个过程不断重复,直到男孩和女孩都匹配上,或直到男孩觉得宁愿站在场边,也不愿和顺序靠后的女孩结成舞伴。

　　盖尔和沙普利将这一过程称为"延迟接受"算法。延迟的意思是说，每一个女孩都可以有一个候补人选，并在她遇到更好的潜在对象之前保留这个候补人选。

　　延迟接受之所以能够在约会和其他匹配问题中充当一个非常有用的交换点，是因为它的稳定性：一旦它顺利运行，想结为舞伴的男孩女孩就不会再独自面对空气。沙普利怎么知道延迟接受一定正确呢？根据定义，男孩最后一次参与匹配时，肯定会选择排序中靠前的女孩。在延迟接受的情况下，他已经与每一位排序靠前的女孩碰过面，并且都遭到了拒绝。这些女孩为什么拒绝他呢？因为她们已经有了更好的候补人选。因此他会放弃最后一次匹配，不选择剩下的女孩，这些女孩也不会选择他。

　　提出问题并解决问题正是数学家所做的事。他们并不必然有兴趣制作出更好的捕鼠器，或弄明白针对苏联核威胁的战略对策。然而，盖尔和沙普利的解决方案被证明具有巨大的使用价值，因为很多重要的分配问题与中学舞会中的舞伴匹配非常相似。

　　思考一下纽约（或巴黎、上海，抑或其他使用延迟接受来分配入学名额的城市）的学生入学匹配问题。幼儿园招生的时候，每一位校长向学监提交她的学生选择清单。实际上，教育委员会的规定决定了校长会偏好，他们会优先考虑现有学生的兄弟姐妹以及学校附近的学生。就算法而言，偏好排序的依据并不重要。

　　每一个学生（或学生父母）也会给学校排序。幼儿园择校匹配和中学舞会的舞伴匹配并无不同，每一轮学校都会尽可能地招收排队申请入学的学生，然后把剩下的推回市场，让这些学生按照自己的排序选择其他的学校（相比之下，舞伴匹配是一个男孩对一个女孩）。

想象一下学生在体育馆周围寻找舞伴，可能有助于你理解盖尔和沙普利的算法背后的机制。在延迟接受算法的实践中，学生们不必去体育馆周围寻找舞伴。一旦市场参与者提交了他们的名单，延迟接受算法会把接下来的事办妥。为什么要用多轮人气比拼来放大青春期的尴尬？如果学生在舞会当天早上通过网络提交他们的排名，中午就能分配到一个舞伴。同样地，一旦学监有了学校和学生的排名，计算机程序将会处理这些数字，并输出一组学校分配。

并非所有人都能得到自己想要的。在约翰·休斯（John Hughes）的电影里，萨曼莎最终和杰克走到了一起，泰德用劳斯莱斯送卡罗莱回家，但是生活从来没有约翰休斯式的结局。舞会只有一个女王，好也罢坏也罢，她都会和橄榄球队的队长结成舞伴。但是从这个角度去评判盖尔和沙普利的匹配机制，那就用错了标准。经济学研究的是如何分配有限的物品，以满足人们无限的欲望。这听起来很苛刻，但是在盖尔和沙普利的匹配机制下，那些脸上布满青春痘的小孩会竭尽所能。

延迟接受可以确保匹配完成后，没有人会为了寻找更好的匹配离开系统，而沙普利在1961年那个下午已经证明了这一点。没有了稳定性，整个系统就会轻易瓦解，越来越多的舞会参加者就会被他们的舞伴抛下，因为他们的舞伴都去寻找更好的人选了。

　　你也许会疑惑，原来那个过时的寻找舞伴的办法存在什么问题吗？以前，男孩和女孩可以互相邀请对方做自己的舞伴，这与成对的舞伴脱离匹配系统是一样的。它被称为分散式匹配。分散式匹配在许多情形下往往以匹配瓦解告终。

　　要理解为什么，我们仍需要回到中学体育馆。如果舞会没有交换点来匹配舞伴，男孩就要领先一步准备，如果犹豫不决地等到舞会当天，那他很大可能就会落单。因此，这群理性且前瞻性的青少年会在舞会前一天去邀请舞伴。但是为什么要碰运气，而不是优先邀请呢？你最好再提前两天邀请心仪的女孩去舞会。于是你会看到这样的情形：在分散式匹配中，双方都担心自己在舞会上会孤立无援或落单，"市场"于是倒退瓦解，参与者会越来越早地锁定匹配对象。考虑到中学里的情感故事总是反复无常，你可能会在恢复理智并意识到阿尔伯特才是你真正倾慕的人之前，就匆匆锁定了橄榄球队队长。同样，法学院的一年级学生可能并不知道自己想要的生活，因此过早地将自己锁定在毕业后的工作上，做出代价高昂且没有回旋余地的职业决策。

　　恰恰是这种瓦解造成了见习联邦法官市场的消失，以前法学院的优秀一年级生常常会获得这类爆炸性（也是时间敏感性）的工作邀请。与其让法官们越来越早地发出工作邀请，优先锁定优秀的学生，更好的办法是让学生等到三年级或最后一年再接收见习法官的工作邀请。法官们过早地发出工作邀请，让学生们无法探索其他的选择，他们甚至不知道需要学习哪些法律。

　　同样的事在其他市场上也有发生，比如姐妹俱乐部，这个组织一开始仅限于大学高年级女孩，直到受欢迎的女孩开始邀请大三的学生，接着是大二的学生，最后甚至邀请刚入学的学生（据市场设计大师埃尔文·罗斯 [Al Roth] 的说法，有一个理论认为，"兄弟会 / 联谊会冲动"这个词如今就是用来形容姐妹会或兄弟会招募新成员的过程，他们在这个过程中疯狂地锁定新成员）。[4] 也正是类似的机制，在 20 世纪 40 年代促使住院医师培训项目发展出了一个中心化的交换点，在学生完成解剖课入门之前挡掉爆炸性的工作邀请。

　　这些匹配问题如今都具有了中心化的交换点，并且都根据基本的延迟接受算法来设计。几十年前盖尔和沙普利提出的这个概念框架如今已广受市场设计人员的应用、评估和改进。他们从这个算法的成功案例中获得了经验，也从其不可避免的失败中学到了更多教训。用模型描述现实生活中的交易是一个不精确且反复的过程，在这个过程中，我们会发现自己就是实验主体。

匹配是一项复杂的工程

　　市场设计师埃尔文·罗斯喜欢用桥梁建设做比喻，解释自己的工作和沙普利这样的市场设计先驱的差别。设想你要建一座悬索桥，连接布鲁克林和曼哈顿，你会遇到诸如悬索应该安装在哪以及悬索应该有多粗这样的问题，而你最好在物理课上好好学习过这方面的知识。用欧拉方程式可以计算出一个细长的理想型柱子最大轴向负荷为多少，这是桥梁设计者必备的重要知识。但这个理论结构涉及的"理想型"柱子在理论上可能会沉入河床，或随河流起伏。（你可以上网观看塔科马海峡大桥倒塌的视频，绝对是戏剧化的一幕。）

每一座桥梁都有自己独特的设计挑战——土壤、河流的流动方式、气候、汽车造成的磨损。即使学习了艾萨克·牛顿和莱昂哈德·欧拉的理论，你还要考虑到每一种情况的复杂性，这些情况都不会让你轻易得出一个简单的"最终答案"。

因此桥梁工程非常复杂，甚至扩展到需要用电脑模拟、实地考察河岸、分析土壤样本以及进行风洞压力测试。这些测试和建模能帮助你预测暴风来袭时，会不会把汽车吹下桥。

市场设计的工程师们也面临着类似的挑战。盖尔和沙普利阐明了舞会中的舞伴匹配，这一理论也很容易进行扩展，应用于学生申请幼儿园（学校有多少录取名额就会有多少候补学生，而不是像舞会上的女孩一样只有一个候补人选）。但是教育委员会很少根据父母的偏好来决定学校分配。预算约束会限制坐校车去学校的学生人数，这反过来决定了有多少学生走路上学。同一个家庭的孩子也要整体考虑，这样家长就不用经常换学校。考虑到这些多样化的情况，富裕社区的学校名额也会分配给低收入家庭的学生。

面临这么多约束条件，你就不可能用一个简单的公式（一种类似欧拉屈曲方程的经济学公式）来解决学校分配的问题。就算你假设家长对匹配过程的规则有着非常清晰的理解，你也了解家长的偏好，这样的简单公式也不存在。市场设计师和土木工程师一样，需要进行试验、调整规则、模拟效果，希望最终能够有一个满足家长和教育委员会的产品。每一次建造一座新桥梁，我们都希望能够更好地设计下一座桥，市场设计也是如此。

在设计过程中不断学习也会遇到令人不安的因素。无论你多么努力去消除风洞测试或计算机模型中的意外事件，你仍然无法掌控现实条件下的压力测试。一座本应该能够抵御暴风的桥梁，最终在飓风中倒塌了，这样的事时有发生。最合适的学校分配机制最终也可能造成不满意的学生和校长。行驶在旧金山新建的海湾大桥上的司机都以某种方式参与了桥梁设计师的实验，而为了设计出更合适的入学名额分配机制，波士顿的幼儿园学生如同实验室的豚鼠。

两种残酷的学校

前纽约教育部的管理人员尼尔·多罗辛（Neil Dorosin）表示，有机体出毛病有两种方式。一种是出现一些轻微的症状，让人感觉不舒服。比如你有睡眠障碍、偶尔会头疼，或是有高血压。但是这些症状没有必要去急诊室。还有一种是严重的胸口痛。[5]

多罗辛在 21 世纪的头几年入职纽约教育部，当时这个组织正面临着一次"心脏病"发作。原因是为当地 14 岁学生分配学校的系统突然失灵。多轮分配过程明明处于最佳状态，却让学生不断循环或被重新推入分配市场，造成了巨大的混乱。理论上来说，这个系统简单清晰，每一轮学校都会向学生发出入学通知和等候名单排序，由学生决定是否接受，然后进入下一轮。这时候有剩余名额的学校还会向未分配的学生或在等待名单上的学生发出更多的入学通知，然后再等待学生回复。如此循环。

根据多罗辛的说法，这样的描述看似没有问题，却掩盖了可能发生的功能障碍，因为它忽视了背后的策略优化和游说。校长在发出入学通知之前会查看学生对本校的排序，理性的学校只接收将它们排在第一位的学生。在这些学生中，真正能够进入该学校的是那些有知识有能力游说校长的申请者，他们将会获得这些稀缺的入学名额。

有些孩子很聪明，他们知道如何在这样的招生过程中免费获得多种好处。与此同时，波士顿有三分之一的学生没有得到学校匹配，因为他们只提交了一份与自己的偏好和能力无关的申请。

20 世纪 90 年代，多罗辛还在南布朗克斯担任八年级科学教师，当时他就对这个问题有了直接的了解。每年他都要面对一批新生。这些学生有些缺乏学习能力，有些则苦苦挣扎，有些上课积极、注意力集中，有些则表现欠佳。到了年末分配高中时，这些学生都会被分配到邻近的差学校去。后来多罗辛进入纽约教育部的管理中心，受雇于具有改革精神的教育局局长乔尔·克莱因（Joel Klein），他的工作就是复兴纽约每况愈下的学校匹配体系。

多罗辛和他的同事咨询了市场设计专家如何解决纽约的学校匹配问题，也正是在同一时间，波士顿的学校官员也开始向市场设计寻找解决办法，希望能解决波士顿的学校匹配问题。虽然比起纽约的心脏骤停而言，波士顿的学校系统只不过是些轻微头痛。波士顿大学的机制设计专家塔伊丰·森梅兹（Tayfun Sönmez）多年来一直关注该市的教育委员会，向他们提议用延迟接受来提高学校匹配。然而他的提议一直以来都被忽略。直到 2003 年，《波士顿环球报》（Boston Globe）发表了一篇文章"揭露学校匹配的缺点：两名经济学家长期研究，终于发现解决方案"，这篇报道介绍了森梅兹的研究成果。公立学校的领导终于开始给予关注。[6]

波士顿的问题更多是头疼脑热，也难怪学校官员一直都忽视改革建议。尽管如此，这个系统存在着一个基本且公认的缺点：分配过程迫使学生和家长更关注于优化他们对学校的排序。而盖尔和沙普利的算法已经证明能够解决这个问题。简而言之，波士顿机制专注于尽可能地为学生分配他们首选的学校，因此波士顿的教育委员会优先考虑所有学生的首选学校。这样的优先考虑是为了让所有的孩子都能去步行可到达的学校，以此来减少校车需求，并促成种族和社会经济的多样化。

受欢迎的学校会有大量的首选申请者，稀缺的入学名额于是通过抽签分配，低分的申请者则会被退回去重新分配。现在的问题是：想象一下，你知道自己的首选学校申请人数肯定会超额，而次优选项则不太会有很多申请人，为什么不抓住机会在第一轮分配结束时得到次优学校的通知呢？更好的做法是将次优选项列在第一位，这样做更保险。但是既然你这样想，别人也会这样想，这样的思考过程将无法穷尽，而你的次优选项也将不再保险，这样一来你的首选学校反而会名额未满，而你最终进入的学校将是一种"买家的懊悔"（buyer's regret）。

　　这种情况滋生了长期的不满和忧虑以及不公平的竞争环境，虽然程度比纽约小。消息灵通和置身其中的父母知道如何跟这样的系统博弈，并且会彼此讨论最佳做法。2003 年波士顿西区的家长讨论会上就有相关的建议：找一所你喜欢的学校且该校申请者不足额，将它作为你的首选学校；或者找一所你喜欢且受欢迎的学校，将它作为你的首选学校，同时选一所不怎么受欢迎的学校作为"保险"的次优选择。[7]

　　有一种被称为"防护策略"（strategy-proof）的机制，则不需要家长这样过度焦虑地思考。盖尔和沙普利的延迟接受方法就具备这种属性。列出你的学校偏好，剩下的就交给算法吧。如果这样还不行，你也无能为力了。

　　长话短说（毕竟学校改革这样的历史不可能是个简短的故事），经过多年的会议、各方游说、推介和提议，以及更多的游说、政治活动，波士顿的学校终于在 2006 年采用了延迟接受算法的某种形式（纽约的学校系统更迫切地寻求改变，早在 3 年前就已经采用了基于延迟接受算法的系统）。学生按照偏好顺序列出 6 所学校，每所学校录取学生的顺序都是由教育委员会事先决定的：有兄弟姐妹在同一所学校的申请人优先，同时将一半的名额给 1 英里内步行上学的学生。

　　现在，申请人不再需要为了更好地在分配过程中博弈而参加家长协会的会议了。没有时间、没有意愿或没有途径加入消息灵通的家长协会的人也不会处于不利地位。人人都认为，至少在这样的标准下，新的学校匹配系统是成功的。但新系统只不过是用另一种问题替代了原来的问题。

2011 年，《波士顿环球报》记录了波士顿采用盖尔和沙普利算法之后，个体家庭的苦痛。《波士顿环球报》的这一系列纪实报道名为"迷失在学校分配体系的迷宫之内"，内容包含了处于学校分配过程各步骤的家长和孩子。有一篇报道题为"以选择开场，凭运气定结局的筛选过程"，表达了家长的感觉：这个系统给人"我能够自己选择"的幻觉，实际上往往反复无常，结果也不公平（"学生的安置迎来的是解脱、沮丧，甚至是负罪感"）。虽然一半的名额给步行区域内的家庭，教育委员会也预计学校中将有超过一半的学生来自附近社区，然而不知何故，算法这个黑箱在分配学校时并没有产生这样的结果（"学校抽签，住得近显然还不够"）。这就导致了社区分裂（"频繁的迁移，一盘散沙的街区"）以及高于预期的校车费用（"学校分配成本攀升"）。[8]

实际情况就是学校分配不如父母所愿，但这并不必然表示分配机制就是失败的。毕竟没有任何机制能够实现这一点。就像不是每个人都能和舞会皇后跳舞一样，只有一部分学生能够进入好的幼儿园。我们必须重申，经济学的定义是弄清楚怎样最大化地利用你拥有的资源。据称波士顿的学校本身就不尽如人意，而更好的分配机制无助于提升波士顿学校的质量。因此，只要资源不够分配，无法满足人们无限的欲望，就会产生抱怨和不满。

显然这不仅是父母无理性的期待，就在《波士顿环球报》登载报道时，设计这一匹配机制的经济学家发布了一项研究，从数学上证明了这一算法为什么没有能够让更多的学生就近上学。他们在模拟中得到的结论是，如果不优先考虑步行区域内的学生，很多学生都能就近上学。为什么模拟和现实出现了偏差？

　　解释很微妙，我们稍后再讨论。这种微妙之处实际上能够帮助你理解为什么市场设计师刚开始会抓不住要领。将盖尔和沙普利的算法付诸实践的时候，学生们要将学校进行排序。市场设计师默认学校对学生的排序是基于区域优先的。因此，就像中学舞会上的女孩让候选舞伴按顺序排成一列一样，学校也会基于学区、收入等的优先顺序录取学生。于是，来自优先群体（比如步行区域内的学生）的申请者数量就很有可能超出学校招收名额，往往有超过 50% 的学生会优先选择步行区域内的学校。为了避免超额的情形，分配算法在开始时会给每个学生分配一个号码，并且号码靠后的学生被排在申请者行列的前面，取代了原来排在前面的具有优先权的申请者。

　　这就造成了系统的失败。要理解为什么，可以思考一下一个学生拿到的号码很靠后，而他也将步行区域内的学校排在了第一位。于是他和当地其他拿到幸运号码的孩子就成了步行区域学校的候选人，并且排序靠前，占满了留给步行区域的 50% 名额指标。这时候被排除在外的步行区域学生都有哪些？就是那些号码靠前的人。他们要和步行区域以外将这所学校列为首选项的学生一起，组成第二组候选人，再次被分配。第二组仍然会筛选出抽奖号码靠后的学生，于是第一组被排除的步行区域内的学生又会被步行区外的学生超过。

起初这看起来可能违反直觉，但是稍做改变就能消除这个问题。如果学校优先录取排名最高（排名标准包括离学校距离较近）的申请者，就会有更多步行区域内的学生能够进入该学校。为什么？因为步行区域内拿到靠后号码的学生就获得了入学名额，这样一来，优先给步行区域学生的名额就留给了没有在分配中拿到靠后号码的附近学生。

于是，录取学生上的这种微妙且违反直觉的差异，挫败了波士顿学校分配的一个主要目标。但是，它也强调了设计人员试图解决的问题中的那些细节有着重要的影响，因此不存在一种万能的解决方案。

到2012年，波士顿的家长已经受够了，作为回应，教育委员会再次对学校分配程序提出了一些内部的改革想法。但是这些想法风评不佳。哈佛大学的一项研究认为，这些提议只会加剧当前系统中的问题。他们甚至绝望到公开呼吁公众提出方案来解决学校分配中的混乱。

广大民众提交了几十个方案。有些来自政治候选人，他们的解决方案是为了推广他们的平台，还有一些来自社区活动家。最终，24岁的MIT运筹学专业的博士生石鹏，申请讲演他的解决方案。石鹏一直热心参与公众会议，讨论学校分配改革，和家长、活动家交谈，以便更好地了解人们对现行制度不满的来源以及它们会接受哪种形式的改变。

用他的话说，石鹏最初的方案包括"严格定义机会平等"。在他给出的严格定义之上，他设计了一个方案，涉及线性规划方法（数学最优化的一个分支），能够在机会公平的约束下最大限度地缩短波士顿学生上学的距离。你可能觉得无法理解他的解决方案，教育委员会跟你一样无法理解。教育委员会的一名委员后来将石鹏拉到一边，跟他解释说，如果想让某些东西付诸实施，最好能够以五年级学生都能听得懂的方式解释出来。

不过委员会很喜欢石鹏使用严肃的模型来解释问题的两个主要方面，也就是家长关心的上学距离和机会均等，于是委员会让石鹏又做了一场推介。而他回归后带来的新计划进一步将家长的选择限制在附近的学校，还加上了距离最近的一些"高质量"学校。这就平衡了人人享有优质学校的需求（如果学生所在区域没有一所像样的学校，那么他应该具有更广泛的选择范围）和将学生分配到离家较近的学校的需求。这是一种超级简单的方案，所有家长都能理解这个方案的运作原理，也知道自己可选的学校，甚至他们上幼儿园的孩子也能理解。

石鹏是不是将延迟接受这个孩子跟原来的学校分配体系这缸洗澡水一起倒掉了呢？并不是这样的。延迟接受仍然是控制着学校分配体系的算法，只要学生提交了他们对每个可选学校的排序。但是，石鹏设法在其中加入了更透明、更有效的机制。

这就是科学及社会的进步。我们为了改善社会做了善意的尝试。有时候这些尝试和我们期望的一致，比如纽约的高中分配使用的延迟接受算法，它从建立起到现在仍然有效运行。还有很多时候，这些尝试要经过不断的调整，就比如波士顿学校分配的例子。我们也许会受到严重的打击，必须回到最初阶段，重制图版。但是我们仍然抱有极大的希望，在调整之后取得更大的进步。

对于波士顿的父母来说，很难善意地接受这种实验和再创造过程。毕竟，别人的小修补将关系到自身的重大利益，这一点不太容易接受。

这也是我们大多数人所处的境地，只不过是在更大的规模之下，受制于各种各样的修补匠。但是与纽约和波士顿的学校体系实验不同，我们并不清楚在互联网公司的利润之外，还有哪些东西得到了最优化。并且，如果实验失败了又会怎样？不论如何，实验者都是真正的信徒，不会因为小小的混乱吓倒。对于大多数市场创新来说，不存在教育委员会或其他高层管理者来处理我们的不满。

Letting Markets Work

How a Hardcore Socialist Learned to Stop Worrying
and Love the Market

让市场发挥作用

一个铁杆社会主义者如何不再担忧，并且爱上了市场

2012 年暑假过后，经济学家约纳斯·弗拉霍斯（Jonas Vlachos）的孩子回到他们在瑞典的公立学校，就在这时发生了一件有趣的事情。弗拉霍斯一家的住所离他儿子的小学走路需要 15 分钟。因此第一天早上，为了赶上 9 点的上学时间，他儿子 8 点 45 分从家出发。第二天，又稍微提前了一点，第三天又提早了几分钟。过了一两周，弗拉霍斯的儿子每天需要提前 1 个小时从家里出发去学校。

弗拉霍斯很想知道出了什么问题。结果他发现是因为教室后面的衣帽钩不够，后到的学生不得不把外套团在长凳上（显然，对于爱好秩序的瑞典人来说，即使是小学生也会为此感到耻辱）。因此，衣帽钩"市场"开始倒退崩溃，这就如同没有集中的交换点时，住院医师培训项目和法院会争相提前聘用医学院和法学院的学生。

约纳斯·弗拉霍斯一向不推崇自由企业和市场。一方面是因为他来自瑞典，斯堪的纳维亚人对重税和大政府的热爱享誉世界。从个人层面来看，弗拉霍斯一直以来都公开批评瑞典用市场化的方式处理教育问题，这些市场化的方式都在某种程度上基于米尔顿·弗里德曼提出的关于学校选择的愿景，而米尔顿·弗里德曼是自由放任主义的代表人物。弗拉霍斯的孩子上的是传统的公立学校，而不是私立学校。

弗拉霍斯认为市场在很多方面都不适合瑞典学生的教育需求。他在斯德哥尔摩观察到的私立学校过于热衷裁减成本以便提高利润，还会操纵考试成绩吸引更多的学生，同时挣来更大的名望。这些私立学校还互相争夺富裕社区的优秀学生。

但是分配衣帽钩的问题，市场还是能够轻松解决的。弗拉霍斯受够了他儿子每天为衣帽钩担忧，也不想让儿子不断提早上学时间，他在一天傍晚向他妻子提出了这样一个观点：为什么不用拍卖的方式把衣帽架拍卖给出价最高的人呢？不愿意让孩子提前1个小时去上学的家长肯定会出价最高。而那些不介意衣服团作一团的孩子则不会介意拍卖。所有的孩子都来自相当富裕的家庭，因此家长有能力参与竞拍，即使家长没有财力参与，低收入家长的竞价也可以得到补贴。

而且，"外套税"可以用来给野外考察提供资金，也可以为课堂添加政府无法提供的东西，这是一种双赢。

弗拉霍斯的妻子非常明智地建议他保留这个衣帽钩拍卖的想法，因为他的想法虽然是好意（即使只是半开玩笑的想法），其他家长可不一定会喜欢。拍卖教室里的衣帽钩不仅冒犯了瑞典人的感情——光听这个想法，大部分人（至少是非经济学家）会觉得弗拉霍斯听起来像是社交无能、烦人且愚蠢的人。很难说为什么人们会有这样的偏见，弗拉霍斯只是建议用一种公平且有效的市场机制来解决衣帽钩分配问题。

但是，大多数人宁愿让问题悬而不决，也不愿让市场介入。

自由市场树立的形象一直存在问题，也注定如此。有人认为市场在某些事物中格格不入，比如瑞典的公立学校，但是它们非常擅长处理某些事情，比如分配学校里的衣帽钩。然而，人们很容易搞错市场适用的环境，比如衣帽钩所处的环境中使用市场很像是扭曲教育补贴项目，对市场持悲观的看法人尤其会这样认为。

我们为什么要关注这一点？因为市场的形象问题阻碍了我们使用市场方法来为社会谋福利。市场是资源配置的一种手段，而且往往在分配资源时非常有效。但是，市场不是万能的，需要进行管理和调整。这一点正是自由市场的倡导者和厌恶市场的人都应该了解的。

我们需要更加明智地去了解市场在哪些情况下适用、在哪些情况下不适合。这需要对市场能够做和不能做的事有更深入的了解，也需要以开放的态度对待市场的长处和短处。某种程度上来说，我们希望给你留下的是一个古老而又熟悉的观念：理解市场效率的益处，并将收益与市场失败的可能性进行权衡。

但是也有一些情况，虽然市场能够创造更多的 GDP，也能更公平地分配财富，但是我们宁愿使用其他的方式，这是完全合理的决策。这可能是因为我们不想给所有的东西定价，又或者是因为我们不喜欢市场对我们个人和社会产生的某些影响。

普林斯顿大学的社会学家比西亚那·泽利泽（Viciana Zelizer）在她的经典著作《道德与市场：美国人寿保险业的发展》（*Morals and Markets: The Development of Life Insurance in the United States*）中追溯了 19 世纪 40 年代人寿保险业务的兴起。19 世纪早期，人寿保险被谴责为"对人类生命进行的财务评估"，模糊了精神与商业问题的边界，也改变了保险推销员看待死亡和濒死的态度。举例来说，他们提倡"善终"，对死者以外的亲人表示关心。这些提倡善终的商人自然也从中发了财。[1]

也许这对社会来说是件好事。但是我们需要自己做决定：与其受制于经济学家和商人的突发奇想（我们目前所处的境地），如果我们对市场运作有更清晰的了解，知道市场为什么、如何以及以何种方式运行，我们就能决定何时利用市场，而不是受市场利用。

来见识一下市场吧

卡尼塞·普伦德加斯特（Canice Prendergast）是芝加哥大学布斯商学院的经济学教授。他擅长用大量数学模型解释现实问题（有些可能会引起你的不快），比如机场的安保为什么令人沮丧以及为什么是一件好事（因为国土安全部的一些"顾客"可能是携带炸弹的恐怖分子）。他也是一位十分认真的艺术收藏家。布斯商学院开办之初，曾花 1.25 亿美元建立自己的校园，包括建筑师莱特（Frank Lloyd Wright）的地标性建筑罗比之家（Robie House）。普伦德加斯特被指派为这座建筑的庭院和走廊做装饰，预算 100 万美元。与其他许多商学院和公司的办公室不同，布斯商学院没有选择流行的风景画或穿着套装的白人男性为主角的油画，而是挂满了抽象画，这些作品常常让学生和教员感到难以理解和神秘（许多人似乎甚至都没有意识到这些艺术作品的价值。根据当地一家报纸的报道，这些作品的主要威胁是背包和咖啡杯。粗心大意的学生根本没有意识到身边环绕着无价的艺术珍宝）。[2]

几年前，普伦德加斯特的同事罗伯特·哈马达（Robert Hamada）邀请他加入美国第二收获（如今改名为供养美国）组织的一个工作组。这是一个交换点，它从百货商店、食品生产商和农场获得过剩的食物，然后在全国的食品银行网络分配这些食物。参与其中的除了这两位经济学家，还有另外两位芝加哥布斯商学院的教授，他们分别是运筹学教授唐·艾森斯坦（Don Eisenstein）和组织行为学专家哈利·戴维斯（Harry Davis）。

与许多成功组织类似，第二收获组织的创立也有着传奇色彩，流传着关于约翰·范韩格尔（John van Hengel）的故事，他是凤凰汤厨的一名退休商人，正如该组织在主页上的描述："范韩格尔遇见一位绝望的母亲，她经常在杂货店的垃圾箱里翻找食物来养活孩子。他建议应该有一个地方用来存放丢弃的食物，以便需要的人拿走，而不是把不要的食物扔进垃圾箱。这类似于存钱以备未来之需的'银行'。基于这样的想法，食品银行诞生了。"在发明食品银行之后，范韩格尔又资助第二收获组织在不断涌现出的食品银行之间更好地分配捐赠物。

普伦德加斯特和他的同事参与第二收获组织之时，这个交换点的运作是这样的：卡夫食品（Kraft）这类捐赠公司通知第二收获组织有大量剩余的通心粉和奶酪，第二收获组织的管理人员根据需要、与捐赠地点的距离以及每个食品银行每年可获得的食品数量公式，将这些食品运到全国近 200 个分支机构中的某一个。当地食品银行负责运送这些捐赠物。一旦食物运达分支机构的食品仓库，志愿者会将它们分类，录入电子表单，送到当地面向饥饿和贫穷的慈善机构。

所有人都认为这是一个设计合理、运作合理的系统。到 2004 年，第二收获组织运送的食物达到非凡的 18 亿磅（1 磅 =0.4536 千克）。慈善机构的监督组织指南星（GuideStar）评价第二收获组织为四星机构，满分即为四星。

这也许是非常不错的安排，但是远未达到最优化。食品银行也许会基于自己的喜好提供反馈，但是第二收获组织的核心仍然与中央计划经济类似（自由主义经济学家会指出，这种中央计划经济可能导致了饥荒）。早些时候，普伦德加斯特和他的同事提出了使用市场来代替目前的安排。

按照普伦德加斯特设想，第二收获组织的市场货币应该是能够在几百家会员食品银行中分配的预设指标或份额。这些预设的指标或份额可以用来竞争每天捐赠给第二收获组织的食品。通常来说，卡夫食品提供的一个集装箱的通心粉和奶酪将会分配给各地的食品银行，再分发给忍饥挨饿的人。普伦德加斯特的设想是这种分配不再通过第二收获组织的中央办公室，而是由最想要这些食物的食品银行表达自己的偏好，拿出自己的预设指标或份额来得到这些食物。

工作组中的其他成员，即 9 个食品银行的行长，不太赞同用市场来替代原来的系统，毕竟原有的系统也没出什么大问题。芝加哥大学经济学团队——包括米尔顿·弗里德曼、尤金·法马（Gene Fama）这些自由主义极端分子在内——可能起不了什么作用。普伦德加斯特回忆说，在初期讨论中，西密歇根州食品银行的行长约翰·阿诺德（John Arnold）站起来宣称："我必须告诉你们，我是美国社会党的持卡党员。我非常认真地提出反对，我对使用你们的市场手段没有半点兴趣。"

这位社会主义者，热爱和平的阿诺德，在他看来市场首先是一种剥削制度，而不是分配方式。这也是为什么他为食品银行效力，而不是去孟山都（Monsanto）或芝加哥商品交易所。但是，对普伦德加斯特和他的同事而言，阿诺德的态度是误导的结果。他们的建议从没有涉及金钱交易。而且卡夫、克氏（Krogers）和其他捐赠者是捐赠食物，而不是销售食物（虽然他们会因此获得免税），以及第二收获组织本身是一个慈善机构，也不会因此减少收益。

但是，在阿诺德位于康莫斯托克公园的办公室里，事情却没有这样温和。在那里，市场似乎更像是造成饥饿和无家可归的罪魁祸首。市场某种程度上让底特律的管理人员拿着不该得的 7 位数薪水，买着他们不需要的百万美元的房子。与此同时，阿诺德却努力处理每年分配过来的数百万磅杂货，甚至没有足够的资金聘请一位全职管理人员来帮他（阿诺德和他的助手每年共同挣到的钱只有可怜的 10 万美元，在中西部足够过一种舒适的生活，但是跟公司高管相比，这点收入几乎可以忽略不计）。如果生活不公，市场总是可以用来当替罪羊。就像有些瑞典人认为市场不适合学校，也不适合用来分配衣帽钩。阿诺德看到了市场被用作剥削的手段，于是忽视了市场也能用来有效分配食品。

要改善第二收获组织的分配体系，主要的障碍似乎不是没有设计出有效的市场。更大的挑战是符合阿诺德的社会主义情感。无形之手要为第二收获组织发挥魔力，唯一的途径就是阿诺德作为参与国家粮食援助市场的一员，能够看到他以及所有人都能从市场中获得好处。

普伦德加斯特对自己的成就很谦虚，很多经济学家甚至没有听说过他在第二收获组织中的作为。而在描述第二收获组织食品捐赠市场的成功时，他的贡献往往也被低估，他将大部分功劳让给了哈利·戴维斯。

在社会科学家中，经济学家有着"社会化不足"的声誉。这不是因为经济学家令人尴尬或不礼貌（虽然有时也确实如此）。更深层次的批评针对的是经济学模型无法捕捉到人际关系的细微差别。戴维斯受过社会学训练（也就是许多经济学家称之为"过度社会化"的领域）。戴维斯深入思考人际关系，他擅长倾听，也能够考虑阿诺德的担忧，并且和他那些具有市场头脑的同事设计出了一套解决问题的系统。

阿诺德的担心不是卡夫或通用磨坊（General Mills）会以某种方式滥用第二收获组织的市场。相反，他担心来自其他食品银行的剥削。在西密歇根州食品银行，凡事都靠他和他的助手完成，从帮助志愿者摆放货架到自己提交纳税申报表。他们没有时间遵循易贝式的拍卖去取得食品捐赠，他们也没有钱雇更多的人。芝加哥、纽约和洛杉矶的第二收获组织分支机构则是巨大的食品银行，他们有数十名工作人员和数百名志愿者，实时监控拍卖情况，能够在最后一刻争取最佳的货物。

这就像假设阿诺德曾经拥有过一卡车的四季宝花生酱。但是根据最初的假设，各分支机构之间的分配额度基于贫困人口数量。而能够安排工作人员实时跟踪食品拍卖的食品银行都在人口密集的城市中心，这就使他们总能够得到高于自己所占比重的份额，总能得到好东西。考虑到"富裕的"大城市中的食品银行总能拿到专用款项在拍卖中击败他，阿诺德真的很担心自己最终会永远得不到任何食物。

最后，即使阿诺德有充足的时间和预设份额能够跟这些大玩家竞争一下，他也不知道怎么竞价。纽约每个月分配到的花生酱和果冻就有好几个集装箱那么多，而阿诺德每一次收到的货物都需要半年才能消耗掉。因此当他需要更多食物的时候，他怎么能够知道要如何去竞价呢？他不仅担忧自己拿到的份额比大食品银行少，而且可能会因为出价过高而造成浪费。

第二收获组织的市场考虑了人们对大小食品银行之间潜在的不公平感到的担忧。报价没有遵循易贝式系统，也就是基于捐赠量实时增加或削减货物数据，而是提供全天累计量。第二天早上，食品银行会收到竞价货品清单，以供他们考量。每家食品银行都有机会查看清单，在密封拍卖中给出最佳报价。获胜的竞拍者再派一辆卡车将捐赠物拉回去，而他用来竞拍的预设份额将在第二收获组织网络的 200 家食品银行中分割。

最后一点看起来可能不是什么大问题：如果每个人都能获得一些额外的份额，没有人会因此变得更富裕，只会让价格因为激进的竞价而抬高。但是，普伦德加斯特回忆说，这完全改变了拍卖的心理，从"这些混蛋富人又抬高价格"变成"这次又卖了个高价"。

他们以 1,000 万份额作为初始的"货币"供应，并允许竞价者将货币储蓄起来，用作单次的大宗交易，这样的做法对较小的食品银行尤其有价值。

普伦德加斯特成为市场设计师之后没有预料到的是，自己在其中的作用正如中央银行家。中央银行家管理货币供应，并且这样的管理很大程度上是为了维持价格平稳。价格稳定同样是小型食品银行的主要关注点：由于购买量相对较少，他们可以根据历史价格决定报价多少。

对于美联储（美国中央银行）来说，他们需要弄清楚太多复杂的因素。从流通中的美元有多少隐藏在俄罗斯黑手党的地板下，到估算经济中的货币流通速度，再到投资者对未来货币供应量的信心（这可能会决定他们是多花销还是多储蓄），等等。

管理第二收获组织的经济时，普伦德加斯特同样面临着许多类似的挑战，尽管规模小得多。食品银行的行长都是份额囤积者。为了防止市场在初期就陷入通货紧缩的旋涡，普伦德加斯特需要让额外的份额进入市场，他还要考虑货物进入市场的高峰与波谷。有时候，卡夫会一下子捐赠好几个集装箱的通心粉和奶酪，有些时候则什么都没有。如果每个人都用自己的份额去竞价通心粉和奶酪，那么薯片和西蓝花的价格就会暴跌，因此就要有额外的份额投入到薯片和西蓝花的市场中，支撑它们的价格，以免阿诺德根据上周的低价来竞争薯片。类似地，在没有捐赠的日子里，要让份额退出市场。

"市场化"的食品分配还有另一个意想不到的后果，也是它积极的一面，就是价格能够让第二收获组织的领导层了解哪种类型的捐赠对于分支机构来说最有价值。在自由市场经济中，这些市场信号能够刺激供应商增加受欢迎产品的产量，或激励新进入者进入受欢迎的市场。

对于第二次收获组织而言，价格显示花生酱和面包是慈善机构最看重的两种食物。冷冻鸡肉排在其后。这些食物适合储藏，富含卡路里，营养合理，而且人们喜欢吃。食品银行希望得到哪种食物可能对生产者来说并不重要，但是这样的信号促使第二收获组织的中央办公室更积极地寻找冷冻鸡肉和花生酱的捐赠者，而不是土豆或薯片。实际上，薯片是一种体积庞大的垃圾食品，食品银行不太乐于接受它。有时候薯片的价值甚至为负，在交易的时候，需要购买方的食品银行支付份额来承担运输成本。羽衣甘蓝和西蓝花比多力多滋好，但不能太多，如果你给饥饿的人提供的是他们不能处理或不能食用的东西，那你就根本没有帮助到他们。

我们问普伦德加斯特为什么第二收获组织要接受薯片捐赠，或为什么他们不直接将薯片送去垃圾场销毁。他指出，第二收获组织要跟薯片生产商维持关系，因为这些生产商也生产花生酱、鸡肉和意大利面。如果第二收获组织必须接受一批薯片，让大农业企业感到高兴，那就接受吧。

西密歇根州食品银行的约翰·阿诺德如何看待食品分配向市场化转变？他很快从主要的怀疑者变成了最热心的用户和支持者之一，每天早晨他都要登录在线市场系统，寻找合适的食品交易。

阿诺德 2012 年去世，但是如果你问他，作为第二收获组织的市场参与者以及作为美国社会党党员，两者之间是否存在矛盾，他的回答可能是否定的。他和许多人一样，认为美国资本主义让富人变得更富。但是，第二收获组织的市场对他来说是喂饱西密歇根州饥民的一种不错的手段。事实也证明，市场做得很好。第二收获组织的拍卖市场不会令人反感，可以说市场被严重误解了。

肾脏交换

活体心脏捐赠，这是不可能的，每个人只有一个心脏，没有心脏人就死了。然而大自然母亲给了我们一对肾脏，幸福健康的生活只需要有一个肾脏运行良好就够了，第二个肾脏是一个备用部件，以防万一（虽然人有一对肺，但是如果只有一个肺运行良好，肺部功能也只有一半）。

如果，天可怜见，你患上了严重的肾脏问题，尽管大自然的本意是好的，但是其中一个肾脏出现问题，另一个也是早晚的事。而最好的情况是你要在长长的待移植名单上等待很久。如今，长长的名单上，移植者平均等待的时间已经超过接受透析疗法的病患的平均预期寿命。在等待名单上，几乎可以说等同于死亡了。

等待移植的患者只有两种来源获得新肾脏，无论是哪一种，捐赠者必须匹配接受者的血型，并通过交叉匹配测试，评估接受者的抗体是否会排异捐赠者的肾脏。第一种肾脏捐赠来自刚刚故去的人，2014 年遗体捐赠数量只有 11,000 万，而等候移植的名单增加了 40,000 名病患。[3]

另一个来源，也是更好的选择，来自亲属和密友，将他们的备用肾脏移植给病人。这样的情况每年都会发生数千起，捐赠结果往往也会好得多。捐赠者还可能来自利他主义的陌生人，但这样的例子很稀少，对整体无关紧要。

无论是哪种来源，从数字上来看都不算乐观：11,000 个遗体捐赠肾脏和几千个活体捐赠肾脏，远远低于 70,000 名正在寻找匹配的病患。每年仅美国就有 50,000 人因此离世。

一些经济学家，包括诺贝尔经济学奖获得者加里·贝克尔（Gary Becker）这样的名宿，都认为器官买卖是解决这种短缺的手段之一。2014 年 1 月，也就是在他去世前几个月，他还在一次《华尔街日报》（Wall Street Journal）的专访中游说器官移植市场。他建议肾脏的定价可以为 15,000 美元，32,000 美元就能购得肝脏切片（因为肝脏能够在受体体内再生，所以只需要切片就可）。[4]

你可能会想："这个想法真令人恶心。"建立肾脏市场也许会提高效率，但是令人厌恶、令人反感。阿诺德也许会接受用拍卖来为他的食品银行获得花生酱，但是我们大多数人拒绝接受市场分配肾脏。《华尔街日报》的评论版充斥着支持者，不少评论者还为自己的肾脏标了价，但是这些标价通常要高于贝克尔的建议价格。

贝克尔是一位真正才华横溢的经济学家，他准备好了一套回复来应对反对者（包括教皇约翰保罗二世和路德教会）。并且向他的读者保证，随着时间的推移，人类会克服对其身体部位定价的厌恶。毕竟，我们接受了某些国家的贫穷煤矿工人冒着生命危险赚钱，认为只有这样他们的经济才能不断向前，也接受了《周一橄榄球职业》（*Monday Night Football*）里的后卫摔坏头部。很多人为这些问题绞尽脑汁，但是很少有人为此努力：我们声称关心很多事情，但我们的行动从未反映出我们的这种偏好。

但是，假设我们没有克服我们的反感，或我们能够克服，但我们还是假设这样的社会没有成为现实：瑞典的教室没有衣帽钩市场，肾脏捐赠也没有通过市场解决。我们不想成为这样的人。正如有些批评贝克尔支持者的人指出的那样，如果我们接受一位贫穷的印度人可以为了钱出卖自己的肾脏，他会不会出卖别的身体器官？会不会把眼睛、腿、心脏拿去换钱？

如果我们不用市场去解决这个问题，那么每年在等待移植过程中死去的成千上万的病患又该如何呢？

想象一下你的兄弟得了肾衰竭，他要每周频繁去诊所，手臂上扎着巨大的针头，每次都要花好几个小时，通过透析机做血液透析循环。他只有一年可活，而你很乐意把自己的一个肾脏给他。但是在交叉匹配测试中，医生说不合适。

此时，你也许愿意活体捐赠，但是却与接受者不匹配。实际上，有很多这样的错配。如果你与同样处于的错配捐赠中的移植者相容，并且他的捐赠者反过来和你的兄弟匹配，那么这样的肾脏交易就是有益的。

几十年来，这种肾脏交换一直都存在，虽然非常偶然。一名移植外科医生与一名不相容的活体捐赠者需要到处询问，找到一对恰好处于同样情形中且适合交换的捐赠者和接受者。如果正好找到了，这两对捐赠者和接受者所在的医院需要安排一次同时进行的移植手术。在这个过程中，你无权迫使某人放弃自己的器官，因此同时进行的手术非常重要，以免第二个捐赠者退出。

你可能会明白，为什么这种特殊的肾脏交易一直很稀少，每年的数量从未超过十几起：移植等候名单上每一万个病例中只有一对到两对捐赠者和接受者进行了交换。

这个市场缺乏市场设计师埃尔文·罗斯所说的稠密度，也就说市场中缺乏足够的肾脏交换"交易者"，因此寻找合适的捐赠者和接受者组合往往费时费力。这是一个自满的预言：因为没有其他的交易者，就不值得参与进去，结果也就没有可供交易者寻找匹配的肾脏交换平台。

罗斯和他的市场设计师同行们在 2003 年发表了一篇关于肾脏移

植的革命性文章。文章观察到肾脏交换与数学经济学家罗伊德·沙普利（前文提到的沙普利－盖尔匹配算法）以及赫伯特·斯卡夫（Herbert Scarf）在 1974 年研究的问题非常类似。沙普利和斯卡夫最初用交换房子做比喻，阐释他们的算法如何运作。你可能喜欢自己的房子，但是附近还有一些房子你也很喜欢。你乐意用自己的房子去交换，而你的邻居也愿意和别人的房子调换。也许从这样的交换中，人们能够获益。如果是这样，沙普利和斯卡夫想知道，如何最优化房子交换？有没有一种算法能够说服社区中的所有人交出各自对房子的偏好排序，并且根据这些信息交换房子能够使每个人的处境更好（至少不会更坏），以及算法是否能够使房屋分配稳定（如同中学舞会匹配），也就是说，最终没有哪对屋主觉得他们调换回最初的房子会更好？

　　事实证明，是有这样的算法的。沙普利和斯卡夫严谨地用数学语言表达出他们标志性的证明，也保有直观易懂和吸引人的直觉。对于每一个屋主而言，列举出自己的房屋偏好列表，并将其中一项置顶。然后画出箭头，把社区内每个家庭愿意交换的房子连接起来。沙普利和斯卡夫证明，在这些箭头中，总是存在闭环，也就是交易循环中的每个人都能交换到最偏好的房子，同时将自己的房子开放给他之后的交换循环。他们将这个过程称为顶层交易循环（top-trading cycle）。在沙普利和斯卡夫的算法中，第一个循环中的房子要撤出流通，将这些房子从尚未有机会进行对调的屋主所列的偏好列表中划掉，不断重复这一过程，直到不再有家庭进行交换。

罗斯提出的变革型见解是，肾脏市场与这个房屋交换市场惊人地相似。每一对捐赠者和接受者都有一个活体肾脏捐赠和一个病人需要肾脏移植，每个移植等待者将指向他偏好的活体肾脏捐赠者，并且算法可以在整个移植循环中运作，捐赠者 A 给予接受者 B，捐赠者 B 给予接受者 C，如此循环，直到循环回到捐赠者 Z 给予接受者 A。

罗斯和他的同事们在 2004 年 5 月出版的《经济学季刊》（*Quarterly Journal of Economics*）上发表了一篇题为"肾脏交换"（Kidney Exchange）的文章，并在医疗界得到传阅。[5] 弗兰克·德尔莫尼科（Frank Delmonico）是一名外科医生，当时是新英格兰器官银行的主任，他与罗斯及其同事共进午餐，讨论了器官交换。新英格兰肾脏交换计划就来自这些谈话，与全国其他地方的肾脏交换所一样。

正如将学生匹配到学校一样，现实不可避免地比斯卡夫和沙普利在 1974 年的证明更复杂。你不能强迫某人捐赠肾脏，因此为了确保循环不会因为某人变卦而打破，循环中的移植必须同时立即进行。在生物医学上进行十几个连续的移植是不可能的，事实上，即便进行 5 个，甚至 4 个，也是不可能的。[6]

基于利他主义的捐赠者，串联起来的肾脏交换链将能够达到非凡的长度。如今，这样的利他主义捐赠者对于肾脏交换而言非常稀有。因为一开始就没有人希求得到回报，因此生物伦理学家认为移植不必同时进行。如果循环中有某个捐赠者退出，那么链条就结束。

而这种情况很少见，至少对于认为人是冷静计算的理性动物的经济学家来说是这样的。有一个循环甚至在3个月内在全美医院中完成了34起肾脏移植。捐赠者兑现诺言，到接受者移植救命的肾脏，这中间可能会时隔几个月，甚至偶尔也会有几年。

最初的算法只允许双向交换，而现在的循环也只限于三方交换：A给B，B给C，C给A。这样一组交换仍然需要6个相邻的手术室（这样可能就足够了，埃尔文·罗斯和他的同事发现，如果交换长度不受限制，三方交换也能够达到99%的高效了）。

"肾脏交换"一文发布的10年后，已经有将近500个肾脏交换移植案例，增长了25倍。自由市场的狂热者也许会指出（并且他们常常这样做），这仍然远远没能解决肾脏供求之间的巨大差距，而买卖肾脏能够缩小这种差距。印度农村的佃农可以把自己多余的器官卖给一位百万富翁，这位百万富翁甚至愿意付一半的身家来购买一个功能健全的肾脏，并且这样的肾脏交易带来的收益能够使佃农脱离绝望的贫穷。

我们想再次强调，如果你能从本书中获得什么，那就是现实中的市场在很多方面与教科书中的竞争模型大相径庭，有些差别是可预测的，还有些则是不可预测的。如果全球肾脏市场在理论上看着很不错，那可能部分是因为它还没有机会经历失败。

无论如何，我们可能会一直厌恶用金钱换肾的方案。如果是这样，我们将感激市场设计师罗斯发明了另一种更容易接受的手段，让需要的人得到肾脏。

有毒的经济学

2006 年，拉里·萨默（Larry Summer）对数学能力的性别差异这个话题发表了一些不当的评论，因此丢掉了哈佛大学校长的职位，早在那之前，他就曾因失言丢掉工作。1992 年，萨默丢掉了哈佛大学的学术职位，1983 年他 28 岁的时候就成为哈佛大学的学术人员，就这个年龄而言是非常年轻的，在哈佛历史上也是最年轻的之一，他本可以在哈佛大学教学直至获得终身教职。此后他遁入世界银行，成为其首席经济学家，自此之后的几十年间，他担任了一系列重要且有影响力的政策职位。

在他任职世界银行的早期，萨默在一份备忘录上签了名，这份备忘录的开头以一种随意的口吻挑衅道："你我都知道，世界银行难道不应该鼓励向最不发达的国家转移污染企业吗？"随后他也给出了完美的经济学论点来支持向贫穷国家出口有毒产业或垃圾，其中一些论点与我们从器官交易市场的支持者那里听到的如出一辙：贫穷国家的人们愿意为更长的寿命支付的金钱更少，因此他们会乐意用健康和寿命，跟欧洲和美国的人民交换一点金钱。当你赤贫时，你更关注桌上的事物，而不是被发电厂挡住的视线或垃圾倾倒。一点污染，碍不着谁。因此，不发达国家不应该介意从富裕国家手中接收一些工业废料和二氧化硫。

第二年，备忘录不可避免地泄露于世，引发的批评风暴完全在预料之中，这些批评直指萨默和他的经济学家同伙荒谬地将一个富人的生命和一个穷人的生命进行比较，不惜代价地追求经济增长，还批评他们在语气上的不敏感。自由市场新闻业的堡垒《经济学人》杂志发表了一篇"让他们以污染为食"的文章，讲述的就是这篇备忘录体现的正是萨默的麻木不仁。但是，随后《经济学人》杂志就如许多自由市场的倡导者一样，称赞了备忘录的基本论点，指出"如果清洁的增长意味着缓慢的增长，正如时常发生的那样，那么它的人力成本将受到贫困的侵蚀，而不是减轻"。经济学家和其他人也指出了批评萨默的评论家的麻木和父权主义。在西方，我们有权利告诉一位贫穷的坦桑尼亚人，如果他想要食品和电视机，他能够用自己的健康和国家的自然环境去交换这些商品吗？[7]

对于萨默来说，最大的不幸是备忘录会流传给子孙后代。维基百科上有关于这份备忘录的单独页面。[8]但是这次事件告诉我们：萨默的理论与现实世界相遇时将会发生什么？这是市场的胜利，还是市场的失败？

市场的逻辑很容易颠覆。2006 年，《纽约时报》描述了一起工业废料交易，这一事件在某种程度上符合萨默的逻辑。《纽约时报》描述的故事中，一辆满载未经确认的化学废料的轮船正要在荷兰卸载，进行安全处置。但是阿姆斯特丹港口管理员拒绝了这条轮船，因为它装载的化学废料具有的极端毒性。于是，这条来源不清（希腊所有，挂着巴拿马国旗，并由一家瑞士贸易公司的伦敦分公司租赁，其财务总部位于荷兰）的轮船前往象牙海岸，在那里找到一家当地垃圾处理商汤米（Tommy）愿意接手。市场发挥了作用！[9]

不幸的是，汤米把这种致命的混合物——"沥青一样黑，还带着浓重的臭味"，排放到象牙海岸最大也是人口最稠密的城市阿比让的下水道中。阿比让的居民一早醒来发现这些"黑色的发臭污泥"。当地诊所随后出现了数百例恶心、头疼、皮肤损伤和流鼻血。

也许，有机会的话，阿比让的居民会用一两次的头痛交换一周的工资。但是从来没有人得到过这些工资，汤米独占了全部收益。

这件小小的轶事几乎没有任何独特之处，倒是会让卡托研究所和《经济学人》杂志的那帮自由市场人士觉得萨默的想法略有问题。正如我们从阿罗和德布鲁的研究中所知道的，当参与者乐于参与市场、消息灵通，并且交易规则严格执行的时候，市场运行才是最有效率的。阿比让显然不具备这样的条件。随意排放废料实际上是违法的，2009 年荷兰的托克公司（Trafigura）最终对这场灾难负责，并被迫向阿比让的 30,000 名居民每人偿付了 1,500 美元。有些人可能认为这是市场的辩白，但我们不这么认为。

那么，请思考一下伊利诺伊斯州的垃圾处理、化学加工、脱衣舞俱乐部，以及其他我们不愿意看到的事情。为什么如此？正如《华尔街日报》在 2006 年报道的，这让一个 250 人的村庄索杰成为"从圣路易斯横跨密西西比河的城市经济疫病中的奇特繁荣之岛。它周围的小镇犯罪猖獗、工厂倒闭、建筑焚毁、街道遍布垃圾，索杰则拥有干净的公园、整洁的房屋和维护良好的道路"。索杰的人均收入约为 19,000 美元，还有从锌冶炼厂、有毒废物焚化炉和污水处理厂等纳税企业获得的高达 28,000 美元的收入。但是移居到索杰的人口很少，2010 年当地人口下降到 160 人，对留下来的公民来说，他们认为这 28,000 美元的额外收入是对色情、多氯联苯和污水的补偿。[10]

一切看起来都非常美好，我们可以说："好吧，我们只需要确保市场建立起来，让它保证每个人都能获得有关权衡决策的充分信息，并且没有人被迫做他们不愿意做的事。"在这样的完美市场世界中，阿比让的每一个公民都有权投票，决定外国跨国公司是否能够用五位数的金额购买倾倒污水的特权。这样的情况下，也许萨默以及索杰下降的人口，将是正确的。

但是，正如我们的一位朋友经常说的："真希望下一场啤酒雨。但这是不可能的。"我们需要弄清楚如何让模型适应现实，而不是让现实适应模型。

分享

经济学家并不是唯一试图用模型中的景象改变世界的群体。如果教科书中的经济学和现实经济运行之间唯一存在的就是摩擦——信息性、事务性和契约性的摩擦，那么就会有一群人（主要在硅谷）认为科技就是解决方案。

从市场摩擦的角度来看，分享经济这个被大肆宣传的概念，被认为实体经济带来了自由市场的救赎。

如果你曾尝试在旧金山叫出租车或在华盛顿特区租一间房，你就会知道我们所说的摩擦是什么。湾区的扩张，以及严格的出租车牌照和涂装管制，旧金山 230 平方英里范围内只有 2,000 多个出租车经营牌照，于是你不得不受制于这样的现状。相比之下，纽约市有超过 17,000 个出租车经营牌照，在 34 平方英里的曼哈顿搭载打车的人。严格的监管不仅让人在周五晚上很难打车，也使得出租车司机占据上风。出租车调度说你预约的车将在 20 分钟后到达，但是就算 45 分钟后你还在等车，你也无话可说。

当你在路边等车的时候，有很多车却永久地闲置在停车场中，这真是令人愤慨的讽刺。在没有摩擦的情况下，你能够给所有的车主打电话，总有人会愿意为了 20 美元来载你一程。而且如果车主知道湾区路边有个人想花 20 美元打车，很多人会愿意利用空闲时间到街上寻找乘客，而不是在电视机前打瞌睡。

这就是优步这样的汽车服务平台创立的依据。根据创始人贾勒特·坎普（Garrett Camp）所言（他还创办了网页搜索引擎 StumbleUpon），他的灵感来源于某一天他无法在旧金山南方公园附近找到一辆出租车，尽管他在整个地区都能看到很多黑色小汽车各奔东西。

如今，无事可做的车主和他们闲置的汽车被调动起来，为人们提供打车服务，这些人以前只能听任出租车调度员的摆布。全球的出租车卡特尔都在和优步及同类型的共享经济的斗争中败下阵来。如果你相信优步的描述，那么全世界的司机和乘客都会感到欣喜。

短期租赁市场也是类似的情况。华盛顿是个瞬息万变的城市：

时刻有人离去有人到来，比如大学生和担任政府职位的前首席执行官们，还有世界银行、国际开发署、美洲开发银行这类组织（以及为他们服务的数十家咨询公司）的雇员（他们不是从海外来就是要到海外去）以及在首都和家乡选区之间分配时间和忠诚的政治职员。

这使得华盛顿有很多闲置的房产，也有很多短途的商务访客或旅游访客。我们又要重申一下，如果有一个平台能够将需要房间的访客和居民家中的空房间匹配起来，那么它也就让市场能够将闲置资源利用起来，并创造了一种双赢的房屋交易。在这种情况下，你怎么知道房东不是一位斧头杀手呢？你可能会看到他最初的 26 名顾客评价他是一位好人，而且你们在社交网站上有 3 个共同好友！你又怎么知道你不是把自己在华盛顿特区的房子租给一位炸弹怪客呢？你可以查看到他之前的 26 条记录，他退租的时候都打扫得非常干净。这个平台就是爱彼迎。

优步和爱彼迎的梦想都是更好、更高效的世界，阻止他们梦想成真的是放任自由的童话故事中那个恶棍：从旧经济现状中获利（牺牲了其他人的利益，正如优步和爱彼迎的大堂很快会提醒我们的那样）的出租车和酒店大堂，以及懒惰、教条且根本不关心怎么做才正确的政府官僚。

让我们从能够达成的共识开始吧：优步应用程序非常棒。特别是对于 40 岁以上的人来说，他们大部分人都遭受过大型出租车公司的统治。而优步只需要触摸一个按钮（字面意义上的）就可以找到一辆车去圣迭戈的商业街（正好有这座城市里最好的寿司）接你，而出租车调度员会说这至少需要一个小时，这样的体验着实令人有头晕目眩般的感觉。你就好像拥有了自己的出租车精灵，只要向拥有 iPhone 的人提起优步，你就会明白我的意思。和以前的租房方式相比，爱彼迎也可以说是史诗级的飞跃。

但是，我们不要因此认为一系列开创性的市场创新就能结束市场摩擦。有专门的网站讨论爱彼迎的恐怖故事，比如被毁坏的房屋、租户变寮屋。针对优步的愤怒咆哮也不少。我们出门在外时都没有租用过别人闲置的房屋，这不是因为我们落伍了。我们也经历过平常的市场摩擦。写作本书时，我们去华盛顿采访了以柠檬市场成名的乔治·阿克洛夫。

作者之一雷在爱彼迎上租了一间房，以此作为一个附加的市场研究。出租人的资历无可挑剔。他在国际组织工作，经常出差，因此他的房屋经常空置。过去曾租用过他房子的爱彼迎用户描述他的房子很整洁、干净，而且位置优越。这样还能出什么问题呢？然而由于火车误点，雷午夜时分才抵达，却发现床上乱七八糟，床单也有污渍。万豪也许有万般不好，但是你可以确定不用在凌晨两点到达后自己更换床单。

雷是否留下了相应的公开评价呢？实际上他没有这么做。因为房屋主人似乎是一个好人，而且一报还一报，你不希望自己在爱彼迎上被称为"挑剔先生"吧。雷确实给屋主发了一封私信，建议他勤换床单。所以，你看到了，爱彼迎真的很棒：我们用过很多次，但不是每次都用，也不是每次都用的很愉快。但是，我们不应该将智能手机的出现等同于完美市场。[11]

说到爱彼迎和优步都有其自身的问题，我们购买的这些出租车和酒店大堂服务，不仅仅是为了保护消费者免受不可靠、不受管制的服务，甚至危险的情况。主张政府严格管制的行业协会往往出于自己的利益，而不是为了为消费者着想的好心。毕竟，建立垄断还有比让法律承认垄断更好的办法吗？有时候消费者也能看到好处：总的来说，如果我们要在市场上寻找新的肾脏，我们肯定很乐意看到移植业务被认证过的移植中心所垄断。但是，这不是法国出租车在巴黎对优步感到愤怒的原因。

我们从这个情景剧中往后退一步，思考一下自由市场资本主义的基本原则。正如硅谷或其他地方那些认真的企业家会告诉你的，你最不希望看到的是你所在的市场像教科书说得那样处于完全竞争状态。因为教科书会告诉你，你赚不到那么多钱。当市场中的商家争夺消费者的时候，利润也在竞争中溜走了。

考虑一下"七分钟健身操"这个例子。它出现在法雷利兄弟（Farrelly brothers）在 20 世纪 90 年代拍摄的经典电影《我为玛丽狂》（*There's Something About Mary*）中。年轻的本·斯蒂勒（Ben Stiller）扮演的泰德为了和他高中时候喜欢上的玛丽在一起相聚，开车去佛罗里达州，途中载了一个搭便车的人（这是一部法雷利兄弟电影，泰德第一次追求玛丽，以毕业舞会上拉链坏掉而草率收场）。这位不知名的搭车人竟然很有企业家天赋，他告诉泰特，他想做一个"七分钟健身操"的视频，取代现在很受欢迎的"八分钟健身操"。泰特戳破了搭车人的幻象，指出别人也可以做一个"六分钟健身操"轻易取代"七分钟健身操"。

要建立一个有利可图的生意，你需要创造一些人们想要的东西，还要确保不会出现模仿你的竞争者。可以说，优步为了让别人不踏足它所在的领域所做的事，与它的前辈诉诸监管诡计并无太大的差异。它试图建立经济学家称之为进入壁垒的东西，这几乎在定义上就是市场摩擦。这就是优步和其他企业都在使用的策略，他们用来防止消费者在市场中自由地选择，常用的手段包括将竞争者驱逐出它所在的领域，或是想方设法让消费者无法货比三家。

有时候，正如我们近年来从优步那里了解到的，它也可能是一门肮脏的生意。他们被指控在预期收入（劳动力市场上的信息摩擦）上误导司机，呼吁并随后取消提供竞争性服务的 Lyft 的搭车服务。还采取了许多其他的不利措施。

所以，是的，你想要构建改变游戏规则的应用程序。但是要获得 600 亿美元的估值，你需要建立足够多的摩擦，将其他人排除在外。虽然共享经济的支持者吹嘘其减少市场摩擦的能力，但是他们（和他们的投资者）获得利润的唯一方法就是创造新的摩擦。这一点他们绝不想告诉公众或政府代表。

这在技术乌托邦自由市场的叙事中留下了一个悖论。一位伟大的企业家将利用技术创造一个梦幻般的新市场，然后利用技术建立市场摩擦来保护它。正如企业家和风险投资家彼得·蒂尔（Peter

Thiel）在《华尔街日报》上所写的那样"竞争属于失败者"[12]。

不要误解我们。我们不是挑剔硅谷的做市商，也不是嫉妒他们的高额收益。我们要指出的，是自由市场狂热者所倡导的原始竞争与市场运作的实际情况之间的不一致之处。

我们试着传达半个世纪以来的经济思想如何改善，更好地阐明了亚当·斯密的无形之手是如何运作的、它在何时不起作用，以及经济理论如何使市场更好地运作并深刻融入我们的生活。

但是我们的故事同样关注许多代理商，他们在幕后制定和执行市场规则，提供市场信息，并将买家和卖家联系在一起，这样我们就可以更接近阿罗、德布鲁以及亚当·斯密的理想市场。如果没有这些市场管道工和工程师将它（看不见的）肮脏的手指束缚在恰当的位置，以便市场能够正常运转，那么经济将更多地类似于阿克洛夫的二手车市场。自由市场的极端分子将任何能够证明有效设计的证据都视为违反市场逻辑本身，这种该观点与从内心深处抗拒任何金钱或市场交易的观点一样病态。

无论我们是在分配衣帽钩、出售棒球运动员的合同，还是在周五下午的夜晚找一条回家的路，我们都需清楚自己要从市场上获得什么，然后再思考怎样设计（以及如何调节）才能让市场如我们所愿。否则，市场就会陷入困境，或者因市场交换的一点小麻烦而陷入瘫痪。

瑞典学校中的衣帽钩问题后来如何呢？弗拉霍斯从未和人讨论过他的拍卖想法，因此学生们整个冬天都要和别人去争抢衣帽钩。

春天到来后，学生们就不再需要衣帽钩了。第二年，学生换到一个有着更长的走廊于是也就有着更多衣帽钩的教室，衣帽钩问题就成了使用原来教室的新班级需要处理的问题了。

How Markets Shape Us

The Making of King Rat

市场
如何塑造了我们

鼠王的诞生

1960 年，好莱坞罢工了 20 个星期又 6 天 。詹姆斯·克拉维尔
（James Clavell）是好莱坞的一名成功编剧，他发现这段时间自己无
事可做。

克拉维尔是一名出生在澳大利亚的英国人，1953 年因一场摩托
车事故跛了脚，他也因此结束了自己的军旅生涯来到美国。他的妻
子是一位有抱负的女演员，通过她，克拉维尔对电影产生了兴趣。
做了几年发行之后，他尝试自己写剧本，很快在好莱坞取得了相当
大的成功。1958 年他为《变蝇人》（The Fly）写了剧本，1959 年又
为第二次世界大战史诗《女游击队歼敌机》（Five Gates to Hell）编
写剧本，直到他的职业生涯被罢工打断。罢工结束后，克拉维尔继
续在电影和电视领域拥有出色的表现，最有名的是小说《幕府将军》
（Shogun）和该书的衍生电视剧。

罢工期间，克拉维尔做了所有作家都会做的事：写作并出版了
他的第一部小说《鼠王》（King Rat）。这是一个非常个人化的故事，
来自克拉维尔在新加坡附近臭名昭著的战俘营中的经历。这是一个
日本军队管理的战俘营，回忆第 1 章的内容，你会知道这个战俘营
对待囚犯非常苛刻。

1942 年，克拉维尔作为炮兵部队的军官与日本人作战，被机关枪打伤后囚禁在樟宜机场。这一经历就是《鼠王》的基础。[1]

这部小说的时间背景设在 1945 年年初。年轻的英国皇家空军飞行中尉彼得·马洛（Peter Marlowe）自 1942 年以来一直被关押在战俘营中。马洛引起了"国王"的注意。"国王"是一位美国下士，是樟宜最成功的交易者和黑市商人。马洛熟知当地语言（马来语），聪明、正直，这些都给"国王"留下了深刻的印象，他想引诱马洛参与黑市。而马洛因此引起了战俘营教务长英国中尉格雷（Grey）的注意，格雷想压制黑市并逮捕"国王"，他的目的是维持囚犯的军事纪律，并保持自己的地位。作为工薪阶层家庭的孩子，格雷为了自己的利益遵守规则，并利用自己教务长的职务来获得他在英国社会中无法获得的地位。

正如我们在第 1 章中提到的美国军官莱斯特·坦尼所观察到的日本战俘营一样，非法市场让战俘在交易中熬过一波又一波的食物短缺和疾病。比如，有一位战俘因为生了重病无法进食，他可以将自己的食物配给交易给别人，以换取未来的食物。在樟宜的战俘营中，市场交易是被禁止的，生存下去（或增加生存希望）的唯一办法是组成小团体共同行动，在小团体中生成市场，进行互惠交易。如果你正好走运，你可以分享你发现的东西。如果你不分享（并被人觉察到了），就会被所在的"部落"驱逐，自生自灭。关于群体的重要性，克拉维尔写道，两名战俘受到上校的威胁，要将他们放逐，"被放逐，意味着他们不再有同伴，而没有同伴，唯有一死"。

樟宜战俘营中只有一个人不需要团体，也不需要同伴，那就是下士"国王"。"我不需要任何人、任何东西……只有我一人，我也能活下去。""国王"如此跟马洛说，他说的生存手段就是市场，他的交易才能让他成为战俘营这个封闭社会中的主要力量。他与朝鲜警卫、当地的马来村民以及其他战俘交易食物、衣服、信息，以及少有的一些奢侈品，好让他和他的美国同胞（他的手下）活下去。就连高级官员也来找他，他们卖掉万宝龙钢笔、劳力士手表这类贵重物品，购买能够让他们活下去的东西。

马洛被"国王"难住了，"国王"粗鲁的美国式（克拉维尔如此说）举止，一点也不符合马洛这样的英国上层阶级的品位。正如马洛对"国王"所说的："马洛不是商人，这行不通。"但他最终还是屈服于"国王"和市场的诱惑。

战争结束后，战俘营被解放。"国王"被军警带走，为他的黑市活动接受审判。战俘离开了，只留下他们在笼子里养着的老鼠，这些老鼠曾是他们的食物。最后的场景里，老鼠与老鼠争斗相食，最终存活下来的那只就是"老鼠之王"。[2]

这一场景，连同成功的交易者"国王"，奠定了这本书的书名，表明了老鼠与市场观念的复杂关系，以及人与人的那种紧张关系。

虽然市场常常帮助人们活下去，过得更好，"国王"成功的原因就是如此，市场也给"国王"带来了超额的奖励，导致了不公平或看似不公平的结果。与樟宜的其他人相比，他吃得更好、穿得更好，并且拥有远在他人之上的权力。市场也破坏了传统的社会秩序，尽管格雷中尉做了最大的努力维持秩序。市场还可能成为骚乱的根源，不论它有什么优点，骚乱都是相当棘手的。

市场能够改变我们的身份。它能够让我们变得更糟，这与隐形的手这个漂亮的隐喻完全相反，也正是其他人不喜欢"国王"的原因之一。竞争本身是市场运作的源泉之一，但是竞争不仅驱逐利润，也消除对道德和同情的担忧，而这种担忧可能会被视为无法负担的放纵。

市场让我们自私

1977 年，斯坦福心理学家李罗斯（Lee Ross）和他的同事发表了一篇关于归因理论的里程碑式文章，这篇文章"关注的是普通人为何总是试图理解他们目睹的事件的原因。它解释了大众在解释自己的行为和其他人的行为时的'幼稚心理'"。罗斯的核心问题是，普通人如何判断别人是自私的还是慷慨的、开朗的还是暴躁的、温顺的还是好斗的？罗斯一开始就指出："探索普通人的缺点，必须首先考虑普通人总是高估个人因素，低估环境的影响。"[3]

换句话说，我们倾向于过度将责任归咎于某人，或将成就归功于某人，而不考虑他所处的环境。如果服务员草率，我们会认为这是因为他脾气不好，而不去观察午餐时间的忙碌导致他服务欠佳。如果对冲基金经理的收益率达到 30%，我们认为她是个天才，实际上也许只是因为运气。[4]

这种判断失败对于我们如何评判别人至关重要，罗斯将之称为基本归因谬误，这一谬误是一个强有力的解释，它强调环境而不是个人意志影响了我们的选择。

罗斯和两个共同作者在 2004 年做了一项研究，对"市场"如何影响我们的行为这一主题提供了一些有趣的见解。这项研究的重点是称为囚徒困境的博弈，它是博弈理论的主要内容之一，表现的是两个罪犯面临的困境。两个罪犯被捕，警察试图引导他们认罪，于是跟这两个罪犯提了同样的条件：如果其中一个罪犯供认另一个，而另一个人保持沉默，那么供认者就能无罪释放，保持沉默的那一个就要承担全部法律责任，被判 10 年监禁；如果两个人都保持沉默，那么每个人得到的将是最轻的刑罚，几个月的监禁。最终，如果罪犯都选择背叛另一方，那么警察就会指控他们两个，但是会因为他们的坦白给予宽大处理，判刑 1 年。在这种情况下，你会背叛自己的伙伴吗？还是两人都保持沉默，即使两人都不知道对方选择沉默？[5]

如果罪犯都只关心刑期，那么"理性"的罪犯就会选择认罪和背叛，因为无论另一个嫌疑人怎样选择，只要认罪就能减少刑期。这种情况下，如果另一名罪犯也认罪，那么你的刑期就是 1 年，而不是 10 年；如果另一名罪犯保持沉默，你就能无罪释放，而不用吃几个月牢饭。不管对方做什么，认罪是最好的选择。这个困境就是只有两人都保持沉默时，他们才能得到最好的结果。"囚徒困境"的天才创造力就在于自私的动机破坏了罪犯的共同利益。

在罗斯等人的"囚徒困境"版本中，实验对象面对的不是刑期，而是金钱诱惑。与经典的"囚徒困境"一样，受试者总是可以通过背叛来提高收入，虽然合作才能取得更好的结果。

罗斯的创新是将"囚徒困境"重新定义为华尔街博弈或社区博弈。他们之间的权衡（以及背叛和合作的动机）是相同的。不同之处在于受试者会被暗示他们是华尔街的交易员或是社区建设者。实验的外部观察者预测，这两种博弈中的背叛比率几乎相同。[6]

但是框架效应出人意料地巨大。随机分配的受试者参与华尔街博弈的背叛概率几乎达到 70%，是社区博弈受试者的两倍。罗斯和他的同事还记录了受试者预期的他们的伙伴会怎么做。在华尔街博弈中，受试者选择背叛很大程度上是因为他们预期对方也会采取背叛的行为。

环境的影响远比我们想象的巨大，远远超过个体本身。

我们甚至可能都没有意识到这一点，但是"市场"会让我们变得自私，忽略共同利益。华尔街博弈中的受试者努力最大化自己的利益，但是这样做的同时，他们最终取得的结果却比社区博弈的受试者更糟。具有讽刺意味的是，市场削弱了我们对他人的关注和对他人意图的信念，而最终市场带来的不是经济蛋糕的增长，而是萎缩。

竞争让我们不道德

在 2004 年的一篇文章中，哈佛大学经济学家安德烈·施莱弗（Andrei Shleifer）推测，竞争市场这个自由市场学者的圣杯，有可能使我们自私，并且彻头彻尾地让我们不道德。作为出发点，施莱弗假设道德行为是经济学家称之为公共物品的东西，也就是那些我们越富裕消费得越多的东西。比如拉面，贫穷的大学生常年将这种低层次的食物作为主食，一旦他们能消费得起贵一点的食物，就会减少拉面消费。[7]

利润丰厚且在市场上具有无懈可击的地位的公司，比如谷歌或微软，他们的所有者有足够的资金保持诚信或慈善。但是在残酷的企业中，比如孟加拉国纺织品生产企业的企业主，却没有这样的奢侈。为了达成合同而产生的竞争使得他们的产品价格越来越低，不可避免地导致了裁减工人和产品安全问题，因为他们要生存下去。

施莱弗还讨论了一些道德上令人担忧的案例，其中一些做法被认为是令人反感的，但是至少在某些情况下，这些做法也能使社区得到经济上的好处。竞争会导致一些企业雇用童工，这至少在一段时间内会使这些家庭收入提高（与给孩子提供教育相比）。但是也会陷入雇用童工的深渊，因为教育带来的回报显然更高。禁止高利贷也是同样的道理：借债和收取高额利息仍然被认为是不道德的，尽管他们为有效的资本市场提供了基石。中世纪的神职人员可能会震惊于我们如此随意地使用利息来转动金融之轮，但利息显然是现代金融的命脉。

施莱弗的主要观点是，在某些情况下，"竞争增加了应该受到谴责的行为"。在他们的经典论文中，阿罗和德布鲁所展示的市场竞争可能会创造最有效的世界，改变我们是谁，只不过改变的方式我们不会喜欢。它让我们行贿，推卸能够保护工人免于疾病或死亡的开支，并且在产品质量上偷工减料，最终我们也可能会这样对待客户。竞争市场让我们成为坏人。

这可不是好消息，因为市场正在渗透我们生活的各个角落。

然而，施莱弗很快就反驳了他自己的论点。他指出竞争能够消除许多"代价不菲"的嗜好，而从商业的角度看，这类嗜好既不道德也没有效率。比如，一家只雇用白人工人的公司，在面对不在乎肤色而雇用资质优良的黑人雇员的公司时，将处于劣势。市场压力可能会迫使种族主义的企业主重新考虑他的原则。尽管他们存在缺点，竞争市场往往会使整个社会更加富裕、更加快乐，让我们可以放纵自己对诚实正直生活的偏好。

$$$$$

我们对市场的讨论始于第 1 章雷德福德在 VII-A 战俘营，在那里市场似乎是一股善的力量。市场帮助战俘们生存下去，帮助人们获得他们想要的东西。但是记住本书的核心前提：我们的现在和未来建立在昨天的骨架和今天的经济理论之上，这些理论首现于艰深的学术期刊。当这些理论席卷全球时，它们促成了新的市场和类似市场的机制。然而，在很大程度上，我们没有真正注意到市场在我们生活的每个领域里蔓延。

总而言之，关于市场如何影响我们行为的证据，再加上市场影响我们生活的新方式，都让我们对未来感到不安。

我们故意没有提及管制，我们也没有提及在缺少管制的情况下，市场的参与者如何在市场交易中行事。但他们显然是相关联的问题。

我们不打算提出一套最佳的管制措施，也不会用对市场道德的说教结尾。但是，如果我们要对市场和市场逻辑在我们生活中扮演的角色进行深刻的讨论，我们就必须深入探讨管制能够解决什么样的问题，因为管制要解决的问题正是市场无法做好的。自第二次世界大战以来，没有一种市场创新改变过这样一个事实，即市场有时候需要一些帮助和监督，以使他们能够更好地展现其效率奇迹。但是我们需要更好地理解这些创新，以便进一步讨论当今市场的问题。

当市场为战俘分配食物时，它是一种奇妙的社会物品；当市场为人类的生命定价时，它带来的是浩劫。用诺贝尔经济学奖获得者约瑟夫·斯蒂格利茨的话来说，有时候我们觉察不到市场看不见的手在挥舞，这不是因为它是看不见的，而是因为它根本不存在。

更艰难的案例是市场能够创造一个更有效率的社会，但这样做的时候它也制造了赢家和输家，甚至可能会影响我们对生活的认知，这是一场社区博弈还是一场华尔街竞争？我们愿意为更有效率的世界付出怎样的代价？这不是我们（或新市场经济的建筑师）说了算。

它将由你来决定。

致 谢

我们首先要感谢我们的代理杰伊·曼德尔（Jay Mandel），以及他在威廉姆莫里斯奋进娱乐公司（William Morris Endeavor Entertainment）的其他同事，杰伊看到了我们的想法所具有的价值，并帮助我们使它成型，杰伊在这个过程中给予了我们难以想象的帮助。

我们还要感谢我们的编辑本杰明·亚当斯（Benjamin Adams）以及他在公共事务出版社（PublicAffairs）的同事。包括我们的项目经理梅利莎·维罗内西（Melissa Veronesi）；版权编辑凯特·米勒（Kate Mueller），她帮助我们避免了许多尴尬的错误；还有宣传人员托尼·福德（Tony Forde）。我们还要感谢英国的出版商伊恩·坎贝尔（Iain Campbell），以及他在约翰·默里（John Murray）的团队。

我们还要感谢以下这些朋友，他们有些读了最初的草稿，有些给我们提供了一些想法：乔治·阿克洛夫、肯尼斯·阿罗、皮埃尔·阿祖莱、赛斯·迪克赛克（Seth Dicthick）、弗兰克·多宾（Frank Dobbin）、本·埃德尔曼、泰波·费林（Teppo Felin）、罗纳德·芬德利、托德·菲奇（Todd Fitch）、马尔戈·贝特·弗莱明（Margo Beth Fleming）、沃尔特·弗里克（Walter Frick）、约书亚·甘斯（Joshua Gans）、埃德·格莱塞（Ed Glaeser）、安德烈·哈久（Andrei Hagiu）、马修·卡恩（Matthew Kahn）、贾德·凯斯勒（Judd Kessler）、芭芭拉·基维亚特（Barbara Kiviat）、斯科特·科明诺斯（Scott Kominers）、伊利亚纳·库茨尔姆科（Ilyana Kuziemko）、凯文·李（Kevin Li）、罗杰·马丁（Roger Martin）、艾瑞克·马斯金（Eric Maskin）、丹·麦金（Dan McGinn）、本·奥肯（Ben Olken）、乔尔·波多尔尼、杰弗里·彭蒂夫、卡尼塞·普伦德加斯特、保罗·罗默（Paul Romer）、马克·里斯曼（Marc Rysman）、石鹏、保罗·西科诺尔菲、保罗·索梅尼（Paulo Soumaini）、迈克尔·斯宾塞、肯德尔·沙利文（Kendall Sullivan）、摩根·索德、史蒂文·泰德利斯（Steve Tadelis）、约纳斯·弗拉霍斯、阿尼亚·维科沃斯基（Ania Wieckowski）以及朱峰。

最后，我们想感谢我们的家人，忍受了我们写书这个需要全身心投入的新"爱好"。我们感谢他们的耐心、幽默和支持。

注　释

前言

1. 我们一直在找这本书，如果你知道这本书，请一定告诉我们。

第 1 章　人们为什么热爱市场

1. R. A. Radford, "The Economic Organisation of a P. O. W. Camp", *Economica* 12, no. 48（November 1945）: 189 — 201. See also Radford's obituary in the Washington Post: http://www.washingtonpost.com/wp-dyn/content/article/2006/11/13/AR2006111301396.html.

2. 任何可以用来作为交换媒介的东西，只要它是稀缺的，并且我们都认同它的价值，比如黄金、防伪纸币、香烟或计算机密钥。2013 年有一段时间，美国西南部的毒贩把整箱洗衣粉作为通货之一。见 Ben Paynter, "Suds for Drugs", *New York magazine*, January 6, 2013。

3. 你可以阅读墨菲的账号 http://www.moosburg.org/info/stalag/murphyeng.html。

4. William Bole, "Trading Places: In POW Camps, Officers Could Impede Survival", *Boston College Magazine*, 2012, http://bcm.bc.edu/issues/fall_2012/inquiring_minds/trading-places.html#sthash.afW3MYc9.dpuf.

5. Clifford G. Holderness and Jeffrey Pontiff, "Hierarchies and the Survival of POWs during WWII", *Management Science* (2012).

6. 举几个例子，AdWords 算法（决定谁花多少钱可以出现在搜索结果中）由伯克利的经济学家范里安（Hal Varian）设计。亚马逊的首席经济学家帕特·鲍亚里（Pat Bajari）是从明尼苏达大学挖来的。优步、Pandora、爱彼迎，以及其他公司也都雇用了拥有博士学位的经济学家，作为硅谷的"市场塑造者"（《经济学人》杂志语），正是这些经济学家制定的规则和算法让网站运转。

7. "Meet the Market Makers", *The Economist*, January 8, 2015, http://www.economist.com/news/nance-and-economics/21638152-new-breed-high-tech-economist-helping-firms-crack-new-markets-meet.

8. 至少深思熟虑的市场倡导者是承认这一点的。在 20 世纪 70 年代《纽约时报》的一篇文章中，米尔顿·弗里德曼曾提到民主的必然无效率。这篇文章非常有名。

第 2 章 经济学家的科学抱负

1. Kieran Healy, "Fuck Nuance", working paper, Duke University, August 2015.

2. Gérard Debreu, "The Mathematization of Economic Theory", *American Economic Review* 81, no. 1（March 1991）: 1 – 7.

3. Marion Fourcade, Etienne Ollion, and Yann Algan, "The Superiority of Economists", *Journal of Economic Perspectives* 29, no. 1（2015）: 89 – 114.

4. 斯密考虑过私利对更大的福利造成不好影响的情况。比如，他指出垄断者——在斯密所处的时代通常是受政府约束的——收取的价格将远远高于看不见的手规定的。正如斯密说的那样："垄断者从不满足有效需求，以此让市场持续保持供货不足，用远远高于自然（市场）的价格销售商品，提高收益，不论是他们的工资还是利润，都高于自然利润。"

5. 历史对于帕累托的大部分理论都不太友善。在 1949 年的《经济学季刊》中，约瑟夫·熊彼特仍然称帕累托的研究"远非完美无缺"，认为其货币理论更是"劣等"，并指出帕累托的"垄断理论，即使是最慷慨的解释也无法挽救"。

6. 帕累托在他早年的生活中常常反对进口关税这样的反市场政策，但是他不是出于盲目坚信自由市场的意识形态。实际上，在他的《政治经济学》（*Manuele di economia politica*）中，帕累托提出铁路投资不足显然违反了帕累托最优，如果由私人建设基础设施，将实现帕累托最优。

7. 马克思并不是暗示顾客价值或偏好无关紧要。在他的模型中，价格是市场均衡时由劳动投入决定的结果。Etsy 的卖家能够证明马克思的模型似乎无法在现实中实现。

8. 必须注意一个例外，弗里德里希·哈耶克（Friedrich Hayek）仍然具有巨大的影响，他是一位出生于奥地利的经济学家，在 1931 年获得了伦敦经济学院的职务。哈耶克是一位社会理论家和政治哲学家，也是经济学家。尽管他依赖叙述论证更胜于数学证明，但是他在 1974 年和纲纳·缪达尔（Gunnar Myrdal）一起获得了诺贝尔经济学奖，因为他"对经济、社会和制度现象的相互依赖性进行了深入分析"。哈耶克于 1992 年去世。追随"文字比数学更重要"这一信条的人还有阿尔伯特·赫希曼（Albert Hirschman）和阿瑟·刘易斯（Arthur Lewis）。

9. Joseph Schumpeter, *Theory of Economic Development*（Cambridge，MA：Harvard University Press，1949）.

10. 数学也会出现混淆并作为政治或意识形态议程的烟幕。经济学辩论于 2015 年出现，著名宏观经济学家保罗·罗默发表了一篇文章，指责一些著名经济学家（包括两位诺贝尔奖得主，其中一位是罗默的论文导师）过于"数学化"，使用不透明的数学来支持自由市场议程。Paul Romer, "Mathiness in the Theory of Economic Growth", *American Economic Review: Papers & Proceedings* 105，no. 5（2015）：89 — 93。

11. 该基金会于 1939 年迁至芝加哥大学，然后于 1955 年迁至耶鲁大学，直至今日。

12. 该文章和其他相关评论可在普林斯顿大学出版社 2001 年出版的原版 60 周年纪念版中找到。

13. Oskar Morgenstern, "The Cold War Is Cold Poker", *New York Times*, February 5, 1961, quoted in James McManus, *Cowboys Full: The Story of Poker*（New York：Farrar，Straus and Giroux，2009），225.

14. 更多信息，可见 Till Düppe and E. Roy Weintraub, *Finding Equilibrium：Arrow, Debreu, McKenzie, and the Problem of Scientific Credit*（Princeton，NJ：Princeton University Press，2014）。

15. 可见于 http://www.nobelprize.org/nobel_prizes/economic-sciences/laureates/1970/。

16. 除了各种壮举，萨缪尔森还彻底改变了出版业。教科书出版商有了新的认识，并试图向年轻的经济学教授支付大笔钱，想把萨缪尔森的《经济学》赶下台，复制他的奇迹。

17. Sylvia Nasar, "A Hard Act to Follow？ Here Goes", *New York Times*, March 14, 1995, http://www.nytimes.com/1995/03/14/business/a-hard-act-to-follow-here-goes.html；Michael E. Weinstein, "Paul Samuelson, Economist, Dies at 94", *New York Times*, December 13, 2009, http://www.nytimes.com/2009/12/14/business/economy/14samuelson.html?_r=0.

18.Kenneth J. Arrow and Gérard Debreu, "Existence of an Equilibrium for a Competitive Economy", *Econometrica* 22, no. 3（July 1954）: 265 – 290.

19. 阿罗是午餐组中唯一仍然活着的成员，他也可能过于谦虚而无法回想起来。但是，至少有一位同时代的人在 20 世纪 70 年代从其中一位主角那里直接听到过这个故事，能够证明其真实性。这个故事的一个变体涉及灰鲸繁殖，而不是澳大利亚土著，低级教师而不是高级别的同事，但是故事中的其他部分完全一样。我们这个版本似乎来自艾瑞克·马斯金，他说他是在读研究生的时候听到这个故事的，但是无法证明其真实性。

20. 或者更准确地说，仅在非常受限和受限制的情况下。宾夕法尼亚大学沃顿商学院在进行学生课程选择的时候使用的是一般均衡框架，该系统由沃顿商学院的贾德·凯斯勒和芝加哥大学的艾瑞克·布迪沙（Eric Budish）两位经济学家设计。

21. Joseph Stiglitz, "Information and the Change in the Paradigm in Economics," Nobel Prize lecture, December 8, 2001.

22. 斯蒂格利茨暗指状态依存索取权（state-contingent claims），这是一般均衡理论的一部分，用来理解市场交易随着时间推移而展开这一实际情况。当世界处于某种状态时，状态依存索取权（阿罗 - 德布鲁证券）就会获得回报。比如，理论上如果希拉里·克林顿当选总统，2018 年日本发生地震，并且 2050 年极地冰盖融化，你可以根据这些假设设计一种能够支付 1 美元的资产。更现实一点来说，状态依存索取权创造了一个框架，让我们思考 9 月纽约的苹果值多少钱，和巴黎 7 月的苹果价格比又如何。这些想法在奠定现代社会理论基础方面具有巨大的实践应用价值。

23. 尼克尔森·贝克（Nicholson Baker）的书是这一规则的例外。

24. 我们没有提及很多这一时期的其他经济学家，他们也做出了许多贡献，值得我们去了解。如果有兴趣，你可以阅读 Robert L. Heilbroner, *The Worldly Philosophers：The Lives，Times，and Ideas of the Great Economic Thinkers*（New York：Simon & Schuster，1995，first published 1953）。

第 3 章 一个坏柠檬如何毁掉一个市场

1. 个人交流。

2. 网络对知识的意义，可以参阅戴维·温格伯格（David Weinberger）的所有著作，特别是 *Small Pieces Loosely Joined: A Unified Theory of the Web*（New York：Basic Books，2002）。

3. Jim Snider and Terra Ziporyn, *Future Shop：How Future Technologies Will Change the Way We Shop & What We Buy*（New York：St. Martin's Press，1992）；Jonathan Kirsch, "Consumer Manifesto：Power to the Buyer", book review, Special to the Times, *Los Angeles Times*, February 12, 1992, http://articles.latimes.com/1992-02-12/news/vw-1482_1_future-shop；academic review by E. Scott Maynes, *Review of Industrial Organization* 8, no. 5（October 1993）：639 — 643.

4. 波尔多尼的学术名声来自他试图理解地位在解决市场不确定性中的作用。地位是指你与谁以及和什么联系在一起，传统上来说更像社会学家而不是经济学家的领域，我们在本书中不会详细讨论。

5. George Akerlof, "The Market for 'Lemons'：Quality Uncertainty and the Market Mechanism", *Quarterly Journal of Economics* 84, no. 3（1970）：488 — 500.

6. 以一种迂回的方式，思考商业周期和失业让阿克洛夫把二手车市场作为柠檬模型。在标准模型中让失业率为零的市场因素也应该抑制二手车销售的起伏：如果二手车可以替代新车，那么随着新车需求（和价格）在繁荣时期上升，至少有些买家会转而购买旧车，从而遏制新车需求。但是实际上，汽车市场是高度周期性的。了解汽车市场的盛衰，也许我们将更近一步解释整个经济的起伏。经济学家对此也无法提出很好的解释，正如他们无法很好地理解大范围衰退。

阿克洛夫从来没有把他的柠檬模型与他最初的动机——新车销售的周期性联

系起来。这个问题后来由弗里德里克·米什金（Frederick Mishkin）解决了。他在1976年解释了为什么消费者在经济衰退期间会避免购买难以脱手的资产。直觉上，这是因为他们可能需要钱来支付租金或养家糊口。因此，在银行有存款比在路上有汽车更好。在失业率低的繁荣时期，你不必担心这些。那么柠檬理论是怎么来的呢？因为它导致旧车市场解体，使得车辆变现更加困难。

7. 在阿克洛夫获得诺贝尔奖的9年后，诺贝尔奖委员会终于为3位经济学家颁发了奖项，以表彰他们在搜索理论和失业方面的研究。此外，阿克洛夫本人在1985年的一篇论文中使用了搜索模型，这篇文章旨在解释市场经济中长期存在的歧视，而他本人对自己的这一解释也感到满意。

8. 他们已经走了很长的路，但肯定没有解决问题。在撰写本文时，刚刚在纽约证券交易所上市的中国公司阿里巴巴股票下跌约三分之一。为什么？它的主业是淘宝，也就是中国的易贝。阿里巴巴在纽约上市后不久，人们就被发现，淘宝上销售的产品有很大一部分是假货。

9. yvonne9903, "How to Spot Fake Tiffany Jewelry", eBay, September 11, 2011, http://www.ebay.com/gds/How-To-Spot-Fake-Tiffany-Jewelry-/10000000001241859/g.html, last visited February 18, 2014.

10. 除了无法亲自检验待售商品，互联网商务似乎也是我们遇到的最糟糕的事情。社会心理学家和谈判专家进行的实验已经证明，面对面的互动比在线互动更值得信任，也更诚信。这一点你也许已经本能地体会到了。可参见 Charles E. Naquin and Gaylen D. Paulson, "Online Bargaining and Interpersonal Trust", *Journal of Applied Psychology* 88, no. 1（2003）: 113。

11. 我们在此简化情况以便于描述。作为 MBA 学生的参与者熟悉"要约收购"和"现金投标"这样的术语，我们假设读者也有这样的知识背景。

12. 我们感谢伊利亚纳·库茨尔姆科建议的这个例子。

第4章 信号的作用

1. Scott Glover, "A Marked Man from Tattoo to Taps", *Los Angeles Times*, October 18, 1997, http://articles.latimes.com/1997/oct/18/news/mn-44041.

2. 语言不重要，这样的说法是不正确的。比如，想象一下两个商业伙伴的利益是一致的，双方都有动机表现出诚信。如果其中一人告诉另一个人："我们快没有番茄酱了，请再订购一些。"另一个人完全有理由相信番茄酱的库存快不够了。两个合伙人的利益重叠得越多，他们就越容易接受另一个人的建议。博弈理论家文森·克劳德福（Vince Crawford）和乔尔·索贝尔（Joel Sobel）在1982年的论文中首次研究这类问题，尽管"廉价磋商"一词直到几年后才开始在经济学中普遍使用。论文参见 Vincent P. Crawford and Joel Sobel, "Strategic Information Transmission", *Econometrica* 50, no. 6（1982）: 1431 — 1451。

3. A. Michael Spence, "Signaling in Retrospect and the Informational Structure of Markets", Prize Lecture, December 8, 2001, http://www.nobelprize.org/nobel_prizes/economic-sciences/laureates/2001/spence-lecture.html。

4. 悲观的看法是工人要么不称职，要么蓄意妨碍。科学管理先驱弗雷德里克·泰勒（Frederick Taylor）曾经说过："几乎没有一位能干的工人会花费大量时间去研究他如何能够放缓工作速度，并说服他的雇主这种放缓的速度才是工作顺利展开的节奏。"

5. Eli Berman, "Sect, Subsidy, and Sacrifice: An Economist's View of Ultra-Orthodox Jews", *Quarterly Journal of Economics* 115, no. 3（2000）。

6. Diego Gambetta, *Codes of the Underworld: How Criminals Communicate*（Princeton, NJ: Princeton University Press, 2009）。

7. "Maine Attorney General Stops Telemarketing of Dubious Baldness, Psoriasis, and Weight-Loss Products", Quackwatch, November 2003, http://www.quackwatch.org/02ConsumerProtection/AG/ME/folliguard.html。

8. "Return to Spender", Snopes.com, last updated April 25, 2011, http://www.snopes.com/business/consumer/nordstrom.asp。

9. Paul Milgrom and John Roberts, "Price and Advertising Signals Product Quality", *Journal of Political Economy* 94, no. 4（1986）: 796 — 821。

10. 这符合经济学家所谓的混同均衡（Polling equilibrium），所有卖家被迫采用这种信号，而不采用这种信号的后果就是被点名作为一个弱势企业，这样的企业甚至出不起几百万美元买一个32秒的广告位。

11. Dashiell Bennett, "8 Dot-Coms That Spent Millions on Super Bowl Ads and

No Longer Exist"，*Business Insider*，February 2，2011，http://www.business insider.com/8-dot-com-super-bowl-advertisers-that-no-longer-exist-2011-2；Emily Steel，"Newcomers Buy Ad Time at the Super Bowl"，*New York Times*，January 30，2015，http://www.nytimes.com/2015/01/31/business/media/newcomers-buy-ad-time-at-the-super-bowl.html?_r=0。

12. 公司的慈善支出与其广告预算存在高度相关性，见 Ray Fisman，Geoffrey Heal，and Vinay B. Nair，"A Model of Corporate Philanthropy"，working paper，Columbia Business School，2007。

13. 有趣的是，在卡特里娜飓风 2005 年 8 月登陆后的几个月里，所有易贝卖家，不论新卖家还是老卖家，都因为捐赠物品导致销售概率和价格大幅提升。因此，当一个国家关注某个特定事件时，通过慈善有可能赚钱。我们猜想很多阴暗的卖家也许会在这个时候推出慈善商品。

14. 这不仅仅是因为顾客不愿意抱怨那些拿出部分销售收入捐赠给慈善机构的卖家，经常做慈善的卖家在他们的非慈善商品上也有大约一半的未解决争议。

15. 阿克洛夫从未想过消费者都能意识到自己是无知的，对他来说，柠檬模型只是更大议程中的一部分，在《钓愚》(*Phishing for Phools: The Economics of Manipulation and Deception*)中，阿克洛夫和他的合著者罗伯特·席勒(Robert Shiller)提出了一个市场理论，其中有经济主体不知道他们的无知（因此购买了太多次级抵押贷款），或缺乏自我控制（吃太多冰激凌）。这些问题导致了所谓的"钓愚均衡"，其中弱势或无知的消费者(phools)被剥削性公司利用。

第 5 章　适用于所有场合的拍卖

1. 当合同期内的球员想在两大联盟之间转移，入札制度是第一个被认可的处理机制。1995 年 1 月，传奇投手野茂英雄(Hideo Nomo)是第一个掀起波澜的球员，他与近铁水牛队的合同还未到期就从棒球场退役，几个月后又在洛杉矶道奇队的春季训练中重新出现。根据退役条款，野茂被禁止为其他球队效力。他的经纪人认为合同只适用于日本的球队。近铁管理层认为他不公平地利用了法律的漏洞，日本球员称他为叛徒。日本联盟的所有者在此之后封堵了这个漏洞，宣布退役后的禁令适用于全球。当美国人阿方索·索里亚诺(Alfonso Soriano)厌倦了日本的练习制度，想离开广岛鲤鱼队回美国棒球队时，就遇到了这个问题。鲤鱼队的管理人员通知美国球队，他们被禁止与索里亚诺商谈。MLB 会长塞利格（Bud Selig）负责处理此事，他站在索里亚诺这一边。不过，当时很明显，这两个联盟需要一种双方协议，这就引发了对入札制度的商讨。

2. Michael Silverman, "Why \$51,111,111.11? John Henry Explains", *Boston Herald*, December 15, 2006, http://www.bostonherald.com/sports/red_sox_mlb/clubhouse_insider/2006/12/why_5111111111_john_henry_explains.

3. David Lucking-Reiley, "Vickrey Auctions in Practice: From Nineteenth-Century Philately to Twenty-First-Century E-Commerce", *Journal of Economic Perspectives* 14, no. 3（2000）: 183—192. 本书借鉴了如今的在线音乐网站 Pandora 首席科学家勒金 – 赖利（Lucking-Reiley）撰写的这篇发表在《经济学展望杂志》（*Journal of Economic Perspectives*）上的文章。在撰写这篇文章时，他正在范德比尔特大学教拍卖理论，并撰写了有关维克里拍卖实际应用的综述文章。他遇到了一个邮票经销商，经销商的网站描述了通过在线竞标销售邮票的机制。这是一种维克里拍卖。勒金 – 赖利通过邮件联系了这位经销商，询问他为什么使用第二价密封拍卖，邮票经销商的回复是早在他从事邮票销售以前这种方式就已经存在了。勒金 – 赖利对邮票经销商使用维克里拍卖的起源进行了调查，这些调查包含在这篇发表在《经济学展望杂志》的文章中。

4. 十多年来，维克里的朋友芬德利对他的家庭背景知之甚少。他所能记得的是维克里使用的桌子已经送给了维克里的父亲，他的父亲从事饥荒救济方面的工作，也就是研究家庭中的稀缺。

5. William Vickrey, *Public Economics: Selected Papers from William Vickrey*, eds. Richard Arnott et al.（New York : Cambridge University Press, 1997）, 7；以及与芬德利的访谈。

6. 拥堵定价与优步的价格暴涨有关。当汽车数量减少或更多的人想打车，价格就会上涨。但是原因有所不同，维克里专注于防止系统因太多客户而过载，从而产生负面的外部性。优步只是想重新平衡供求，时刻保证市场出清，也就是供给等于需求。

7. 拍卖理论的经典结论是收入等价定理，通过对买方和卖方的属性（如风险偏好）进行适当的假设，我们可以预见首价密封拍卖和第二价密封拍卖产生的收入将相等。从本质上讲，首价密封拍卖的竞标者的报价是"刚刚好"，因此支付给卖方的平均金额将大致相等。有时候，第二价密封拍卖中报价更高，有时候则更低，但是随着时间推移，报价将会得到校平，而两者的关系从理论上讲将无关紧要。

8. 这是宽带拍卖设计中的一个主要问题，宽带拍卖被用来向有线和互联网公司出售互联网带宽。这种拍卖有利于单方集合一组频谱使用权。因为，举个例子，如果你在诺瓦克具有频谱使用权，那么你获得特伦敦的某个频谱段才是有价值的。在本章结尾处，我们提到在撰写本文时，正在进行的联邦通信委员会拍卖会使用了一个更加复杂的类似维克里拍卖的机制，使用多次密封竞价，处理真实世界中的复杂情形。但是拍卖的基本机制仍然依赖于维克里对第二价密封拍卖的基本见解。

9. "In the Great Web Bazaar"，*The Economist*，February 24，2000，http://www.economist.com/node/285614；Robert Hall，*Digital Dealing：How E-Markets Are Transforming the Economy*（New York：W. W. Norton，2002）.

10. 回顾第 4 章，我们研究了易贝卖家如何将商品绑定慈善捐赠进行销售的实验。

11. 经济学家已经提出了一些理论，解释结束拍卖的"狙击"行动。例如埃尔文·罗斯和阿克塞尔·奥肯菲尔茨（Axel Ockenfels）的一篇论文认为，竞标者在竞标过程中理解标的物的价值，而"狙击手"会等着看其他人如何评估标的物，然后在最后一刻俯冲，提出稍高的报价。见 Alvin E. Roth and Axel Ockenfels，"Last-Minute Bidding and the Rules for Ending Second-Price Auctions：Evidence from eBay and Amazon Auctions on the Internet"，*American Economic Review* 92，no. 4（2002）：1093 — 1103。

12. 就在这一天，每个黑色和银色 16GB 容量的 iPod 都来自不同卖家，这是造成同样颜色型号的 iPod 价格变化的主要原因。你自然会付更多的钱从评价最高的商家那里购买，而不是从新卖家那里购买。易贝的研究人员只比较同一卖家的相同商品，以确保区别不是来自对拍卖卖家和固定价格卖家的信任度不同。这种卖方实验相对很罕见。但是事实上，易贝无时无刻不在进行着数百万的销售，这就意味着仍然有数百万可以探索的卖方实验数据。

13. Lawrence M. Ausubel and Paul Milgrom, "The Lovely but Lonely Vickrey Auction", *Combinatorial Auctions*, eds. P. Cranton, Y. Shoham, and R. Steinberg (Cambridge, MA: MIT Press, 2006), 17—40.

14. 造成这种情况的原因有点复杂，但即使是一小部分失败的投标人也能够操纵最终的中标价格，只需要他们在某些标的物上提高他们的竞价，就能拉低最终中标价格。这也许有些违反直觉。这也使得人们难以察觉竞标中存在的共谋。因为我们至今仍不知道多重维克里拍卖是如何运行的，我们很难了解这种不正常的结果是如何产生的。感兴趣的技术人员可以查看 Ausubel and Milgrom, "The Lovely but Lonely Vickrey Auction"。

15. Michael H. Rothkopf, "Thirteen Reasons Why the Vickrey-Clarke-Groves Process Is Not Practical", *Operations Research* 55, no. 2 (2007): 191 − 197.

16. 如果感兴趣，想要了解更多细节，可以参见 John McMillan, *Reinventing the Bazaar: A Natural History of Market* (New York: W. W. Norton, 2002)，本书摒弃了艰深的技术方法。

17. 普通民众也参与其中。在《无线王国》(*Wireless Nation: The Frenzied Launch of the Cellular Revolution*) 一书中，作者詹姆斯·默里 (James Murray) 讲述了卡车司机鲍勃·珀利谢 (Bob Pelissier) 的故事，他在 1985 年的蜂窝拍照抽奖中被抽中，获得了新罕布什尔州曼彻斯特和纳舒厄的蜂窝网络牌照。根据默里的说法，珀利谢不是个例。他还描述了一个 2001 年的访谈，"有数百位跟珀利谢同样遭遇的人，类似的故事很多，只不过主角的名字不同、扭曲的方式不同"。

第 6 章　平台经济学

1. 我们感谢皮埃尔·阿祖莱鼓励我们研究香槟郡集市。该地区 250 年后发明了以该地名命名的起泡酒。

2. 援引 Sheilagh Ogilvie and A. W. Carus, "Institutions and Economic Growth in Historical Perspective", *The Handbook of Economic Growth*, vol. 2 eds. Philippe Aghion and Steven N. Durlauf (New York: North Holland, 2014), 403—513。

3. 这些都基于我们对历史资料的粗略估计。

4. 关于这样的集市，可见 Sheilagh Ogilvie, *Institutions and European Trade*：*Merchant Guilds 1000—1800*（New York：Cambridge University Press，2011），46；以及 Jeremy Edwards and Sheilagh Ogilvie，"What Lessons for Economic Development Can We Draw from the Champagne Fairs？"，CESifo Working Paper No. 3438，April 2011。

5. 这可能有些夸大其词。每个市场都有一些双边市场的因素。我们没有看过食品生产商与连锁超市的合同，但是我们打赌他们会引导双方关注卖了多少箱谷物或豆类罐头。即使合同中没有规定，超市和供应商下次也会一起展开业务。

6. 让·梯诺尔和让－查尔斯·罗切（Jean-Charles Rochet）在 2006 年的一篇文章中更准确地传达了这一点。他们表明了双边市场只有在科斯定理不起作用时才有必要。科斯定理是由经济学家罗纳德·科斯（Ronald Coase）提出来的，主要认为自由市场在没有外部性或交易成本为零的情况下能够产生最大化效率，这个定理更多是一种猜想。安德烈·哈久和朱利安·赖特（Julian Wright）一起探索了经销商和纯粹市场的连续体，见"Do You Really Want to Be an eBay？"，*Harvard Business Review*，March 2013。

7. 此处要感谢皮埃尔·阿祖莱。

8. David S. Evans and Richard Schmalensee，"Markets with Two-Sided Platforms"，*Issues in Competition Law and Policy*（ABA Section of Antitrust Law）1，chap. 28（2008）；Joe Nocera，*A Piece of the Action*：*How the Middle Class Joined the Moneyed Class*（New York：Simon & Schuster，1994）. 约书亚·甘斯曾提出异议，质疑信用卡是否是技术平台。

9. 这与收费卡不同，收费卡已经存在一段时间，你必须每个月月末支付全部余额。

10. 梯诺尔的双边市场研究是与苏黎世大学的经济学家让－查尔斯·罗切一起完成的。

11. Paul Samuelson，*Economics*（Cambridge，MA：MIT Press，1988，first published 1948）.

12. Binyamin Appelbaum，"Q. and A. with Jean Tirole, Economics Nobel Winner"，The Upshot，*New York Times*，October 14，2014，www.nytimes.

com/2014/10/15/upshot/q-and-a-with-jean-tirole-nobel-prize-winner.html.

13. 他的确切定义要更精确，他的定义根据的是交易水平是取决于向平台各方参与者的收费，还是总价格。例如，维萨是向零售商收取 3% 的手续费，给持卡人 1% 的折扣，还是向持卡人收取 2% 的手续费，这要紧吗？这要紧（特别是当零售商不能因信用卡交易向顾客收取不同的价格时）。因此用梯诺尔的定义来看，信用卡是一个平台。

14. 每一个反馈系统都有其不完善之处。我们知道至少有一位家庭装修受害者声称，他和承包商在和解时约定不在 Angie's List 上发布反馈意见。

15. 从这个意义上说，平台市场的研究源于网络经济学，这个领域在梯诺尔撰写他的第一篇平台论文时已经有所发展。

16. 原因很多，而且可能即将发生改变。例如，小型零售商可能还没有意识到可以提供现金折扣。直到最近，发卡公司还迫使商家对所有的银行卡交易采取同样的方式。这意味着和高成本的信用卡相比，借记卡或低成本信用卡将无法享受折扣。由于立法和执法，这样的限制正在逐渐消失。2010 年的《金融改革法案》（Financial Reform Act）允许商家自由设定不同的银行卡附加费，例如借记卡和信用卡可以不同。美国司法部的诉讼加强了这些变化。2015 年的一项法院判决认为，Amex 对商家收费的限制——为了统一先不管信用卡收费如何——违反了《谢尔曼反托拉斯法》（Sherman Antitrust Act）。许多其他国家，例如澳大利亚和英国，已经采取措施打击发卡公司的附加费规则。

17. Benjamin G. Edelman and Julian Wright，"Price Coherence and Excessive Intermediation"，Harvard Business School NOM Unit Working Paper 15—30（2014）.

18. Greg Bensinger，"Competing with Amazon on Amazon"，*Wall Street Journal*，June 27，2012，http://www.wsj.com/articles/SB1000142405270230444140457748290205588226.

19. 想了解更多有关纯抽象的经销商和纯抽象的平台之间的连续性，请参阅安德烈·哈久的研究。

第 7 章 如果市场中不存在价格

1. 这里我们假定，学校体育馆舞会上的人对同性配对没有兴趣，而引入同性配对将会使情况变得非常复杂。

2. David Gales and Lloyd S. Shapley，"College Admissions and the Stability of Marriage"，*The American Mathematical Monthly* 69，no. 1（January 1962）：9—15.

3. 请参与诺贝尔奖网站上沙普利的个人介绍：http://www.nobelprize.org/nobel_ prizes/economic-sciences/laureates/2012/shapley-bio.html。

4. Alvin E. Roth，*Who Gets What—and Why*（New York：Houghton Mifflin Harcourt，2015）.

5. 来自个人交流。

6. Gareth Cook，"School Assignment Flaws Detailed：Two Economists Study Problem，Offer Relief"，*Boston Globe*，September 12，2003，https://www2. bc.edu/~sonmezt/Bostonglobestoryonschoolchoice.htm.

7. 援引自 Nir Vulkan，Alvin E. Roth，and Zvika Neeman，eds.，*The Handbook of Market Design*（New York：Oxford University Press，2013），145。

8. 你可以访问：http://www.boston.com/news/education/specials/school_chance/ articles/。

第 8 章 让市场发挥作用

1. Viviana Zelizer，*Morals and Markets：The Development of Life Insurance in the United States*（New York：Transaction Publishers，1983）.

2. Marika van Laan，"Art Cache Proves There's Life in Business School，After All"，*Chicago Maroon*，April 30，2013，http://chicagomaroon.com/2013/04/30/art-cache-proves-theres-life-in-business-school-after-all/.

3. 数据来自美国卫生和公共服务部的器官采购和移植网络。

4. Gary Becker and Julio Elias，"Cash for Kidneys：The Case for a Market for Organs"，*Wall Street Journal*，January 18，2014，http://www.wsj.com/articles/SB10 001424052702304149404579322560004817176.

5. Alvin E. Roth, Tayfun Sönmez, and M. Utku Ünver, "Kidney Exchange", *The Quarterly Journal of Economics*（2004）: 457—488.

6. 2015 年在肯塔基大学完成了两次几乎同时移植的 4 个肾脏手术，虽然移植始于一名无偿捐赠者。

7. "Let Them Eat Pollution", *The Economist*, February 8, 1992, 82.

8. "Summers memo", *Wikipedia*, www.wikipedia.com/wiki/summers_memo.

9. Lydia Polgreen and Marlise Simons, "Global Sludge Ends in Tragedy for Ivory Coast", *New York Times*, October 2, 2006, http://www.nytimes.com/2006/10/02/world/africa/02ivory.html?pagewanted=print&_r=0.

10. William Spain, "Yes, in My Backyard : Tiny Sauget, Illinois Likes Business Misfts", *Wall Street Journal*, October 3, 2006, A1.

11. 最近的研究突出了平台业务的另一个问题：如果消费者歧视少数派卖家，那么平台也会这样做。研究发现，"同样位置、同样租赁属性、同样品质的非黑人屋主收取的费用比黑人屋主多 12%"。可参见 Benjamin G. Edelman and Michael Luca, "Digital Discrimination : The Case of Airbnb. Com", Harvard Business School NOM Unit Working Paper 14—054（2014）。歧视还会出现在用户反馈中，这种方式也许不那么直接，但也会引起歧视。虽然我们知道还没有人从事这类研究，但是这种担忧已经引起媒体的广泛关注。例如，可参见 "The Sharing Economy Is Not as Open as You Might Think", *The Guardian*, November 12, 2014。科技杂志《连线》（*Wired*）网站上的一篇名为"共享经济能终结歧视吗？"（Can the Sharing Economy End Discrimination）的文章则持相反的观点，虽然没有提供任何支持性证据。更多评判，可参见汤姆·斯利所著《共享经济没有告诉你的事》一书（Tom Slee, *What's Yours Is Mine*［London : OR Books, 2015］）。

12. Peter Thiel, "Competition Is for Losers", Wall Street Journal, September 12, 2014, http://www.wsj.com/articles/peter-thiel-competition-is-for-losers-1410535536.

第 9 章　市场如何塑造了我们

1. 虽然声名狼藉，樟宜战俘营却已经是运营良好的日本战俘营之一了。在此的 87,000 名战俘只有 850 人死亡。

2. 樟宜战俘营与其他战俘营相比简直是天堂，可参见 Kevin Blackburn，"Commemorating and Commodifying the Prisoner of War Experience in South—east Asia : The Creation of Changi Prison Museum"，*Journal of the Australian War Memorial* 33（2000），http://www.awm.gov.au/journal/j33/blackburn.asp。

3. Lee D. Ross，Teresa M. Amabile，and Julia L. Steinmetz，"Social Roles, Social Control, and Biases in Social-Perception Processes"，*Journal of Personality and Social Psychology* 35, no. 7（1977）: 485.

4. 诺贝尔奖获得者尤金·珐玛（Eugene Fama）与他的长期合作者肯尼斯·弗兰奇（Kenneth French）合作，在 2009 年的一项研究中表明，绝大多数基金经理的表现并不必投掷飞镖更好。然而投资者还是会追逐那些前一年表现良好的基金经理。这表明人们认为高回报是因为技术而不是运气。

5. Emily Pronin，Thomas Gilovich，and Lee Ross，"Objectivity in the Eye of the Beholder : Divergent Perceptions of Bias in Self versus Others"，*Psychological Review* 111, no. 3（2004）: 781.

6. 该实验的研究对象来自以色列国防军。对于说希伯来语的实验对象来说，这两种博弈被称为 Bursa 博弈和 Komuna 博弈。

7. Andrei Shleifer，"Does Competition Destroy Ethical Behavior ?"，*The American Economic Review* 94, no. 2（2004）: 41.

图书在版编目（CIP）数据

柠檬、拍卖和互联网算法：经济学如何塑造了我们的生活？/（美）雷·菲斯曼,（美）蒂姆·沙利文著；莫方译 . -- 南昌：江西人民出版社，2019.3

ISBN 978-7-210-10963-1

Ⅰ . ①柠… Ⅱ . ①雷… ②蒂… ③莫… Ⅲ . ①经济学—通俗读物 Ⅳ . ①F0-49

中国版本图书馆CIP数据核字 (2018) 第 266470 号

柠檬、拍卖和互联网算法：经济学如何塑造了我们的生活？

作者：〔美〕雷·菲斯曼　〔美〕蒂姆·沙利文　译者：莫方
责任编辑：冯雪松　钱浩　特约编辑：方丽　筹划出版：银杏树下
出版统筹：吴兴元　营销推广：ONEBOOK　装帧制造：墨白空间
出版发行：江西人民出版社　印刷：北京画中画印刷有限公司
889 毫米 × 1194 毫米　1/32　8 印张　字数 164 千字
2019 年 3 月第 1 版　2019 年 3 月第 1 次印刷
ISBN 978-7-210-10963-1
定价：42.00 元
赣版权登字—01—2018—937